UM HOMEM EXEMPLAR

O meu amigo, Pastor Larry Stockstill, vive o que ele ensina. Através de integridade e humildade, ele tem estabelecido um legado de honra, influência, e poder. *Um Homem Exemplar* é leitura obrigatória para todo homem que deseja fazer o mesmo.

JOHN BEVERE
Autor/Ministro
Messenger International
EUA/Reino Unido/Austrália

Se existe alguém que conhece a jornada da integridade ao legado, é o Larry Stockstill. Estou muito feliz que ele tenha escrito *Um Homem Exemplar* para ser um mapa para o restante de nós!

GREG SURRATT
Pastor da Seacost Church
Mt. Pleasant, SC, EUA

Num mundo de derrotas pessoais, mediocridade, e atalhos para o sucesso, Larry Stockstill chega ao cerne daquilo que nos torna o homem que todos nós queremos ser. Larry é o homem certo para escrever um livro como este. Sua vida de grandes proezas e integridade exemplifica um homem exemplar.

TOMMY BARNETT
Phoenix First Assembly
Los Angeles Dream Center

Este livro é muito necessário agora! Mais do que nunca, precisamos ser desafiados como homens a viver a vida que Deus planejou para nós. Podemos ser exemplos num mundo que nos convence a sermos medíocres. O Pastor Larry é uma voz profética a todos nós, e eu sou grato pela influência dele na minha vida.

BRADY BOYD
Pastor, New Life Church
Colorado Springs, EUA
Autor de *Addicted to Busy*

Larry Stockstill sabe que quando homens assumem seu papel certo, as coisas se encaixam em seu lugar. *Um Homem Exemplar*, escrito pelo Pastor Larry Stockstill, é uma mensagem essencial, perspicaz, e oportuna. O nosso mundo anseia pelo homem exemplar, e este livro é fundamental para sua cura.

STEVE VAGGALIS
Destiny Worship Center
Destin, Flórida

Num mundo de confusão, desordem e decepção no exemplo de líderes, é um alívio ouvir um chamado para simplesmente nos tornarmos um exemplo para as pessoas seguirem. A minha experiência nos mundos empresarial, esportivo, e espiritual tem me ensinado que esses princípios podem moldar um homem a ser alguém que Deus pode reproduzir milhares de vezes. Eu encorajo você a ler este livro e se tornar um homem exemplar.

JOHN C. MAXWELL
Autor de best-seller e conferencista

Larry Stockstill escreve uma mensagem convincente sobre o que nós, como homens, devemos exemplificar. Aqui nas Assembléias de Deus do distrito de Indiana, um dos nossos valores principais é EQUIPE. O E significa "exemplo". Eu creio que o que exemplificamos em particular é o que Deus reproduz em nossas vidas, em nossas famílias, e em nossos ministérios. Eu amo o Larry e o grande ministério que ele tem derramado em nossas centenas de ministros em Indiana.

Donald Gifford
Superintendente
Assembleias de Deus do Distrito de Indiana

Não há crise maior no mundo do que a condição do homem comum. Pensar no número de homens que são infiéis no casamento, abandonam seus filhos, são viciados em pornografia, e são financeiramente irresponsáveis, é impressionante. E estou falando de homens cristãos! Não há desafio maior do que dar aos nossos homens ferramentas transformadoras como este poderoso livro, *Um Homem Exemplar*, para mudar isso. Graças ao Larry Stockstill, que é um homem exemplar, nós temos esperança. Este é um livro que todo homem precisa em sua vida.

Mike Hayes
New Covenant Church
Carrollton, TX

É com convicção profunda que eu recomendo o novo livro de Larry Stockstill, *Um Homem Exemplar*. Não há nada mais crítico ou eficaz do que ver um homem se tornar um homem de *verdade* – de verdade pela sabedoria do plano do nosso Criador e por Seus valores cheios de propósito, e pelo poder verdadeiro do Espírito de Deus soprando Sua vida num homem que recebe Sua graça e a capacidade de ser um "novo homem". Larry é um escritor e um pregador dinâmico. Leia *Um Homem Exemplar*, e se você tiver a oportunidade, participe de uma de suas conferências *Remnant* (O Remanescente).

PASTOR JACK W. HAYFORD
Chanceler, King's University
Van Nuys, CA, EUA

O Pastor Larry Stockstill fez um trabalho sensacional com seu novo livro, *Um Homem Exemplar*. Muitos cristãos não estão correndo bem a corrida, então é um alívio e uma grande capacitação ler um livro que desafia homens a cumprirem com seriedade seu papel como líderes tementes a Deus, um papel que começa em casa e se estende a suas esferas de influência. Eu tenho testemunhado pessoalmente o Pastor Larry viver e exemplificar uma vida de integridade durante os últimos dez anos. Ele tem estabelecido um exemplo que tem me encorajado a liderar a minha rede de igrejas com integridade, compaixão, e amor. Que este livro seja um desafio para ser um modelo da grandeza que Deus planejou para você.

PASTOR RICK CIARAMITARO
Presidente do Open Bible Faith Fellowship
Windsor, ON, EUA

O Pastor Larry Stockstill é um homem de grande caráter e integridade que possui uma paixão por edificar a próxima geração de homens de Deus. Sua mão sente o pulso da realidade da cultura atual e ele entende a urgente necessidade de que os homens se levantem e sejam líderes que servem em suas casas, em seus negócios, e em suas comunidades. Não há homem melhor para liderar esta campanha do que o Pastor Larry. *Um Homem Exemplar* é leitura obrigatória e um transbordar da vida, da família, e do ministério de Larry.

Steve Robinson
Church of the King
Mandeville, LA, EUA

O Pastor Larry Stockstill é um exemplo vivo do homem exemplar sobre o qual ele escreve. Sua vida é um livro maravilhoso que todos nós podemos ler. Qualquer homem que deseja ser um pai e um marido bem-sucedido e eficaz tirará vantagem de ler este livro sensacional.

Bispo Charles E. Blake
Pastor, West Angeles Church of God in Christ
Los Angeles, CA, EUA

Num mundo afligido por derrota moral e ética, nós precisamos ser homens que irão se levantar pela verdade e viver vidas admiráveis e santas. Em seu livro, *Um Homem Exemplar*, Larry oferece grande sabedoria e conselho aos homens sobre deixar um legado de honra e integridade para aqueles que irão segui-los. Essa é uma leitura obrigatória para todos os homens que lutam para ser alguém digno de ser um exemplo.

Dr. Tom Mullins
Pastor Fundador, Christ Fellowship
Palm Beach Gardens, FL, EUA

O Pastor Larry Stockstill tem sido um exemplo de liderança com a integridade mais inabalável que eu já vi. Não há outro pastor no planeta que possa ensinar sobre o assunto de ser um homem exemplar com mais autoridade ou paixão. Durante décadas, eu tenho visto pessoalmente o impacto que o Pastor Larry tem tido em transformar homens fracos em guerreiros de Cristo. Quando homens alcançam seu potencial divino, eles transformam famílias, locais de trabalho, e até o mundo. Este livro inspira e motiva homens a deixarem a mediocridade e se esforçarem para alcançar grandeza. Obrigado, meu mentor, pastor, e amigo.

RICK BEZET
New Life Church
Little Rock, AR, EUA

Normalmente, a frase *imagem é tudo* carrega uma conotação negativa. Porém, em *Um Homem Exemplar*, o Pastor Larry Stockstill prova que isso realmente é verdade. No entanto, não é a perfeição da nossa própria imagem que nos dará a vida que desejamos; é a busca implacável pela imagem perfeita de Cristo. Como um bom amigo do Larry há anos, eu o tenho visto levar uma vida que verdadeiramente reflete o que ele ensina. Este livro irá, sem dúvida, desafiar você a viver uma vida de integridade e lhe convencerá de que um grande legado é possível para você e a sua família.

JIM GRAFF
Pastor Titular da Faith Family Church
Fundador da Significant Church Network

A mensagem de Larry Stockstill aborda o cerne da crise da nossa nação — uma falta de homens de Deus consistentes posicionando-se contra o maremoto de imoralidade que está ameaçando nos afogar. Sem um avivamento de Homens Exemplares nós estamos condenados a afundar no mar da depravação.

DR. TIM CLINTON
Autor e Presidente da American Association of Christian Counselors

Ele não iria querer que eu diga isso, mas Larry Stockstill é um homem exemplar. Eu o tenho visto discipular e caminhar ao lado de muitas pessoas ao longo dos anos que o conheço, então é natural para ele compartilhar seu conhecimento e seus conselhos em *Um Homem Exemplar*. Neste livro, ele assume o papel de um treinador para nos mostrar como podemos nos tornar homens exemplares – no nosso lar, no nosso trabalho, e na nossa igreja. Essa leitura curta e rápida fornece dicas práticas sobre liderança ao mesmo tempo que inspira homens a se posicionar onde quer que estejam e deixar um legado de integridade.

ROBERT MORRIS
Pastor Titular e Fundador da Gateway Church
Southlake, TX, EUA
Autor dos best-sellers *Uma Vida Abençoada*,
Um Casamento Abençoado e *O Deus Que Eu Não Conhecia*.

Num mundo em que a mídia usa a figura do pai como piada e decepção, os homens estão buscando direção e encorajamento sobre o que um homem segundo o coração de Deus é hoje em dia. Em *Um Homem Exemplar*, o Pastor Larry define o que a Bíblia diz sobre o homem pelo qual Cristo viveu e morreu para que você se tornasse. Todas as áreas da sua vida serão testadas: casamento, finanças, amizades, ser pai, e espiritualidade. A sua vida é uma maratona e, para correr uma maratona, você precisa de um plano. Este livro irá ajudá-lo a construir um plano de sucesso.

PASTOR JOE CHAMPION
Pastor Titular, Celebration Church
Austin, TX, EUA

Larry Stockstill é um pai na fé que exemplifica poderosamente uma vida de caráter e solidez. Este livro irá inspirar e preparar homens com os princípios que precisam para levarem suas vidas dessa mesma maneira. É tempo de se posicionar e assumir a frente de batalha, homens! Leiam este livro hoje!

STOVALL WEEMS
Pastor Sênior, Celebration Church
Jacksonville, FL, EUA

UM
HOMEM
EXEMPLAR

UM HOMEM EXEMPLAR

EXEMPLAR

Da Integridade ao Legado

LARRY STOCKSTILL

LAN

3ª impressão
Rio de Janeiro, 2016
www.edilan.com.br

Um Homem Exemplar

© 2014 Editora Luz às Nações

Coordenação Editorial | *Equipe Edilan*

Tradução e revisão | *Equipe Edilan*

Originalmente publicado nos Estados Unidos com o título *The Model Man*, de Larry Stockstill, por Bethany Publishing.

Copyright © 2014 por Bethany Publishing, Baker, Louisiana, EUA. Todos os direitos reservados. Publicado no Brasil pela Editora Luz às Nações, Rua Rancharia, 62, parte — Itanhangá — Rio de Janeiro, Brasil CEP: 22753-070. Tel. (21) 2490-2551. 1ª edição brasileira: novembro de 2014. Todos os direitos reservados.

Salvo indicação em contrário, todas as citações bíblicas foram extraídas da Bíblia Sagrada Nova Versão Internacional (NVI), Editora Vida. As outras versões utilizadas foram: Almeida Corrigida e Revisada Fiel (ACF), SBB; Almeida Atualizada (AA), SBB; Almeida Revista e Atualizada (ARA), SBB e NTLH (Nova Tradução da Linguagem de Hoje), SBB.

Por favor, note que o estilo editorial da Edilan inicia com letra maiúscula alguns pronomes na Bíblia que se referem ao Pai, ao Filho e ao Espírito Santo, e pode diferir do estilo editorial de outras editoras. Observe que o nome "satanás" e outros relacionados não iniciam com letra maiúscula. Escolhemos não reconhecê-lo, inclusive a ponto de violar as regras gramaticais.

CIP-BRASIL. CATALOGAÇÃO-NA-FONTE
SINDICATO NACIONAL DOS EDITORES DE LIVROS, RJ

S88u

Stockstill, Larry, 1953-
Um homem exemplar : da integridade ao legado / Larry Stockstill ; [coordenação e tradução equipe Edilan]. - 1. ed. - Rio de Janeiro : Luz às Nações, 2014.
205 p. ; 21 cm.
Tradução de: Model man: from integrity to legacy
Inclui índice
ISBN 978-85-99858-70-7
1. Cristianismo 2. Vida cristã. I. Título.

| 14-18573 | CDD: 248.4 |
| | CDU: 248.4 |

11/12/2014 11/12/2014

DEDICATÓRIA

AO MEU PRECIOSO pai, Pastor Roy Stockstill, meu modelo a seguir e exemplo de vida. Eu senti a força do seu caráter, consistência e conexão fluindo dentro de mim em todo o tempo que eu escrevia este livro. Nunca vi o senhor desviar-se de ser um modelo de Deus para mim durante mais de sessenta anos de vida. O seu exemplo agora está impactando uma nova geração e irá afetar gerações futuras.

NOTA DO AUTOR

CINCO ANOS ATRÁS, eu escrevi o livro *O Remanescente: Restaurando a Integridade do Ministério Pastoral.* Desde então, nós temos doado bem mais de cem mil cópias desse livro para pastores e funcionários em muitos países, em seis idiomas. A nossa equipe tem trabalhado por cinco anos com pastores do mundo inteiro, realizando doze conferências O Remanescente em áreas estratégicas dos Estados Unidos em 2013. 3.786 pastores e seus funcionários participaram desses eventos. (Alguns dos pensamentos nos capítulos iniciais deste livro serão baseado em *O Remanescente*, e eu recomendo fortemente que você o leia como sequência deste aqui.) Este é o tempo para um movimento de homens exemplares ao redor do mundo que podem moldar o destino do nosso mundo no século 21.

SUMÁRIO

PREFÁCIO
POR CHRIS HODGES

POR TRÁS DE TODO GRANDE homem há... um grande *homem*.
Eu sei que não é isso que diz o ditado — e eu certamente
não estou desconsiderando a minha esposa, a minha mãe, e
as muitas outras grandes mulheres que investiram em mim e
tiveram um papel chave na minha vida. Entretanto, as maiores
influências da minha vida foram outros homens. Eu acho que
Deus planejou que fosse assim.

Eu sou muito abençoado por ter tido um pai temente a
Deus e amoroso, Robert Hodges. Ele me ensinou muito sobre
a vida, família, e finanças. Ele serviu comigo no ministério e
foi estar com o Senhor em 2010. Eu também tive um relacionamento incrível com o meu sogro, Billy Hornsby. Ele foi o meu
amigo mais próximo por muitos anos até que foi estar com o
Senhor em março de 2011. Billy me ensinou muito sobre ministério, atitude, e como tratar as pessoas. Agora que ambos
estão no Céu, eu me pego muitas vezes citando as palavras do
meu pai e do Billy, e desejando manter os legados deles vivo.

Outro homem-chave na minha vida é o autor deste livro.
Larry Stockstill tem sido meu pastor por mais de trinta e cinco
anos. Nas áreas de casamento, família, finanças, estilo de vida,
reputação e, mais importante, de amor por Deus e pelas pessoas, existem poucos iguais a ele. Eu não tenho apenas aprendido
muito, mas também observado seu exemplo em primeira mão.

Eu passei a fazer parte da equipe da Bethany Church em janeiro de 1984 com vinte anos de idade. Eu tinha uma paixão pelo ministério, mas sabia muito pouco sobre isso. Eu tinha completado cinco semestres de um curso universitário de contabilidade e estava matriculado num seminário bíblico local, mas a melhor educação que eu recebi no ministério veio do que eu testemunhei na liderança do Pastor Larry. Por exemplo, eu não aprendi sobre oração em nenhuma aula. Eu aprendi sobre isso ao entrar de fininho no auditório principal da igreja às 4h30 da manhã aos domingos para assistir o Pastor Larry orar. Minha vida foi transformada ao vê-lo passar tempo com Deus por três horas – andando pelo santuário, colocando as mãos em cada banco da igreja, ajoelhando-se no altar atrás do púlpito, e clamando a Deus para que pessoas fossem salvas.

Quanto mais velho eu fico, mais percebo o quanto sou abençoado por ter os exemplos desses homens como base para o meu. Porém, as minhas histórias de pais e pais espirituais talvez não sejam tão encorajadoras para você, especialmente se você não teve relacionamentos como esses. Infelizmente, para muitos homens, suas maiores feridas e decepções vêm de homens que deveriam ter sido um exemplo, um mentor, ou um pai para eles, mas não foram.

E é por isso que eu sou tão grato por este livro. Eu creio que Deus irá liberar algo para você que talvez tenha faltado na sua vida por muito tempo. Você será capaz de colher a partir da vida e da sabedoria de um verdadeiro pai espiritual.

O apóstolo Paulo disse que apesar de talvez termos dez mil tutores em Cristo, não temos muitos pais (ver 1 Coríntios 4:15). Bem, agora você tem pelo menos um. Não apenas leia este livro. Faça com que ele sirva como um exemplo vivo de um homem exemplar — um pai que tem algo a dizer, algo a lhe ensinar. Eu oro para que você não só receba profundamente dentro de você as sementes de verdade deste livro, mas que você também pegue o espírito e o DNA de um verdadeiro homem exemplar.

Prepare-se para crescer!

CHRIS HODGES
Pastor da Church of the Highlands
Birmingham, AL, EUA

UMA NAÇÃO DESESPERADA POR MODELOS

*Mas para que nos tornássemos um **modelo***
para ser imitado por vocês.
– 2 TESSALONICENSES 3:9, grifo do autor

A AMÉRICA ESTÁ em apuros.

Seriamente em apuros.

Profundamente em apuros.

Como um caminhão de dezoito rodas carregado ao máximo com explosivos nucleares descendo uma serra de pista escorregadia, nós estamos fora de controle. Sem alguma intervenção drástica e direção corretiva, o resultado final será catastrófico. Os explosivos com os quais estamos sobrecarregados são os nossos próprios pecados, tantos individuais quanto corporativos. A imoralidade que teria nos chocado e nos envergonhado anos atrás se tornou não só aceita, mas *abraçada* e *celebrada*. O nosso sistema financeiro recentemente chegou perto do colapso e está atualmente oscilando à beira da implosão. O pior de tudo é que a nossa liderança espiritual parece ter perdido suas âncoras. A América tem ganhado afluência, mas tem perdido sua influência.

Eu acabei de fazer sessenta anos e tenho estado no ministério público por mais de quarenta anos. Eu nunca vi a situação tão ruim assim — nunca. Há uma paixão queimando dentro de mim. O meu espírito está pesado, e eu tenho chorado pelo nosso país. Deus tem colocado um peso no meu coração que se algo não mudar em breve, a nossa nação estará perdida.

ESTARÁ.

Entretanto, *há* boas notícias. Não é tarde demais. Apesar de fraca, a América ainda tem pulsação. Ela *pode* ser avivada! Deus está no ramo da restauração. Ele restaurou nações no passado. Ele pode fazer isso novamente. Porém, o que tem o potencial de mudar esse quadro? Um presidente ou um Congresso diferentes? Novos nomes indicados para a Suprema Corte ou um partido político novo? Eu gostaria que sim. Eu já gastei tempo e energia consideráveis tentando fazer a diferença nessas áreas. No entanto, agora estou bem convencido de que a única esperança para a nossa nação está em um de seus recursos mais preciosos, seus homens. É tempo de os homens cristãos guardarem seus brinquedos e pecados secretos e liderarem dando exemplo. Eles têm que se destacar e se tornar *homens exemplares*.

Este livro é totalmente sobre tornar-se um *homem exemplar*. Esse tema é expresso em Segunda Tessalonicenses 3:7-9:

> *Pois vocês mesmos sabem como devem seguir o nosso **exemplo**, porque não vivemos ociosamente quando estivemos entre vocês, nem comemos coisa alguma à custa de ninguém. Ao contrário, trabalhamos arduamente e com fadiga, dia e noite, para não sermos pesados a nenhum de vocês, não porque não tivéssemos tal*

*direito, mas que nos tornássemos um **modelo** para ser imitado por vocês.*

2 Tessalonicenses 3:7-9, grifo do autor

Aqui Paulo está abordando a questão da preguiça, porém há uma aplicação muito mais ampla e profunda. Toda a abordagem de Paulo à vida tinha a ver com viver de maneira que o qualificasse como um modelo para os outros. A palavra traduzida como "modelo" nessa passagem vem do termo grego *typos*, de onde vem a palavra *tipo*. Referia-se a um carimbo ou selo que era pressionado sobre papiro, formando uma impressão. Ser um modelo é deixar uma impressão. Impressões podem ser boas ou ruins. Você pode imaginar se algo naquele carimbo (como um selo notarial ou um selo do correio) estivesse escrito errado? O resultado seria milhares de documentos com impressões erradas. As letras daquele carimbo teriam que ser corrigidas a fim de aquele erro não perdurar.

Como homens, nós não percebemos as impressões que estamos causando sobre os nossos filhos, as pessoas com quem trabalhamos, e talvez milhares de pessoas ao nosso redor. Se uma letra do nosso caráter estiver fora do lugar, estaremos causando impressões erradas naqueles que olham para nós em busca de direção, orientação, e exemplo. Que tipo de impressão você está deixando?

Impressões importam.

Paulo entendeu isso e sabia que todos os olhos estavam nele observando cada passo que ele dava. Sem um smartphone, um computador, ou até uma conta no Twitter, Paulo era um "modelo" ambulante que havia permitido que Deus reajustasse seu caráter para que ele pudesse "impressionar" positivamente milhares de vidas no século 1. Ele buscou ser um homem exemplar, cujo modo de vida, integridade, pureza, ritmo de vida, propósito, e legado pudesse sacudir um império romano sem Deus. Paulo também escreveu em 1 Coríntios 4:16, *"Portanto, suplico-lhes que sejam meus imitadores"* (grifo do autor). Ele disse novamente 1 Coríntios 11:1, *"Tornem-se meus imitadores, assim como eu o sou de Cristo"* (grifo do autor). Você pode dizer o mesmo de si mesmo? Você pode dizer aos seus filhos, aos membros da sua família, e aos seus colegas de trabalho para imitarem você? Paulo estava sendo arrogante? Não mesmo. Ele era um homem com imperfeições assim como todos nós. Ele entendia mais do que ninguém a necessidade da graça de Deus em sua vida, mas ele também sabia quem ele era e quem estava nele.

A América necessita desesperadamente de modelos e exemplos como Paulo, homens que deixam impressões divinas nos outros. Talvez você esteja pensando: *Eu sou apenas um cara. O que eu posso fazer?* Deixe-me lhe dizer, um homem pode fazer uma grande diferença. Eu me lembro do meu próprio pai, Roy Stockstill, e as centenas de milhares de pessoas influenciadas por suas impressões. O meu pai tem noventa e cinco anos, foi casado com a minha mãe por sessenta e três anos antes da morte dela, e está no ministério há sessenta e cinco anos. Sinceramente, eu posso dizer que ele verdadeiramente reflete Tito 2:7: *"Em tudo seja você mesmo um exemplo para eles, fazendo boas obras"* (grifo do autor). Vê-lo amar a Deus e minha mãe, não só com palavras mas também com ações, deixou impressões tão profundas em mim que causou um efeito cascata. Meu pai deixou um legado que ainda cresce hoje.

Seguindo o exemplo dele, eu estou casado com a Melanie há trinta e sete anos, e nós temos seis filhos. Aos domingos, todos os nossos filhos e seus cônjuges, que são lindos homens e mulheres de Deus, se reúnem com o Papai e os nossos netos para um almoço com lasanha, carne assada, arroz e feijão, ou algo parecido. Eles ficam lá em casa até tarde da noite — tirando um cochilo, andando nos carros de golfe, pescando, e assistindo esportes na televisão.

A minha maior alegria agora é ver um dos meus filhos pastorear a mesma igreja que o meu pai iniciou e pastoreou durante vinte anos e que eu pastoreei por vinte e oito anos. Meu pai era o meu treinador, mentor, e torcedor. Agora, sou eu quem treina, discipula, e torce pelo meu filho. Dentre nós três, somamos cinquenta anos de liderança. A igreja está crescendo sob a liderança dele, e eu estou trabalhando nos meus dois grandes desejos por Deus: *restaurar integridade e ganhar o mundo para Cristo.*

Eu sou verdadeiramente abençoado, mas tudo isso começou com as impressões deixadas pelo meu pai.

Hoje mais do que nunca, nós precisamos de *homens exemplares* que se destacarão dos homens comuns deste mundo como homens santos e íntegros.

- Homens exemplares honram suas esposas.
- Homens exemplares pagam suas contas e cumprem sua palavra.
- Homens exemplares assumem responsabilidade.
- Homens exemplares votam com consciência.
- Homens exemplares dizem a verdade.
- Homens exemplares agem como exemplos para a próxima geração.

- Homens exemplares oram por avivamento.
- Homens exemplares dirigem no trânsito e esperam nas filas estressantes do supermercado sabendo que estão sendo observados pelos outros como um exemplo.
- Homens exemplares fogem da imoralidade pornográfica e dos contatos inapropriados no *Facebook*.
- Homens exemplares vivem o que falam.
- Homens exemplares são um exemplo antes de exigir que os outros sejam.

←———●———→

Amigo, eu não acredito que você esteja lendo este livro por acidente. Deixe Deus acender um fogo dentro de você também. Não importa o que você já fez ou quanto ache que tenha falhado. Deus pode restaurá-lo pessoalmente e começar a usá-lo bem onde você está para começar um novo legado. Você é uma parte crítica da solução para transformar o seu país, não através de política partidária, mas através de coragem voluntária. Um homem exemplar é aquele que pode olhar os outros nos olhos com forte segurança, profunda compaixão, e um futuro brilhante.

Pare de se preocupar com a capital do país. Mude a si mesmo. *Seja* alguma coisa. Chegue cedo no trabalho, e não perca o controle quando a máquina de cortar grama não funcionar! Estabeleça um padrão, e seja um exemplo. Foque em agradar somente a Deus. Junte-se aos milhões de grandes líderes que foram adiante de nós. Seja como aqueles homens que puseram fim a tirania mandando Hitler embora.

Um pastor que eu conheci recentemente me disse que seu pai serviu como motorista de um tanque de guerra sob o comando do General Patton na Segunda Guerra Mundial. Certa vez, eles ficaram sob bombardeamento contínuo por *trinta e oito dias*. Eles não trocaram de roupa nem tomaram banho por *trinta e oito dias*. Eles ficaram cobertos da cabeça aos pés com a lama da zona de batalha por *trinta e oito dias*.

Meu pai também foi um desses milhões de heróis da Segunda Guerra Mundial. Ele dormiu muitas noites nas areias da África do Norte, bem ali no chão. Ele e tantos outros nos mostraram o que os homens podem conquistar se buscarem com determinação.

Sim, é tempo de nós, meninos do *X-Box*, nos tornarmos homens exemplares. É tempo de pastores pararem de buscar prazer e de se envolver em relacionamentos questionáveis. É tempo de empresários preferirem perder um negócio do que mentir, omitir a verdade, ou deixar de fora um fato essencial. É tempo de os pais chegarem em casa e colocarem seus filhos em primeiro lugar. Nós podemos choramingar e reclamar o quanto quisermos do nosso país, mas nada será capaz de parar um exército de homens honestos, honráveis e santos.

Eu sei que este livro tem um tom forte, mas não peço desculpas. Já está tarde demais para amaciar e diluir as coisas ao lidar com os homens da nossa nação. Nos resta muito pouco tempo para transformar uma plateia num exército. Não estou me referindo a um exército *militante*, mas um exército *exemplar*.

VOCÊ IRÁ SE ALISTAR?

A primeira seção do livro trata de *caráter*: integridade, pureza, e exemplo. A segunda seção é sobre *consistência*: compasso, disciplina, e propósito. A última seção é sobre *conexão*: o seu casamento, os seus filhos, e o seu legado.

Vamos lá, homens! Nós podemos fazer isso! Vocês conseguem! Seja tudo que Deus planejou que você fosse.

Seja um homem exemplar!

Seção I

CARÁTER

Homem Exemplar

CAPÍTULO UM

INTEGRIDADE CORAJOSA

Que a integridade e a retidão me protejam.
– SALMOS 25:21

INTEGRIDADE... O QUE É? Falando de forma simples, integridade é a coragem de fazer a coisa certa. É viver uma vida de retidão diante de um mundo corrupto. E deixe-me lhe dizer, no mundo de hoje isso requer bastante coragem. Normalmente, quando pensamos sobre a palavra coragem, nossa mente instantaneamente se enche de imagens de soldados valentes jogando o corpo na frente da munição atirada por lança-rojões a fim de salvar seus companheiros, ou professores altruístas levando balas para proteger alunos inocentes durante tiroteios nas escolas. Os heróis do 11 de setembro mostraram coragem destemida enquanto corriam para dentro do World Trade Center naquela manhã fatal sabendo muito bem que os prédios estavam prestes a cair. Esses realmente são atos de coragem. Graças a Deus pela ousadia de homens como aqueles. O nosso país precisa de mais deles. Porém, você já parou para pensar na coragem ousada necessária para andar com integridade? Ela não é tão glamorosa como outros atos heroicos, mas não é menos importante. Na verdade, a integridade é a fundação e a base de um homem exemplar.

Nós ouvimos histórias ou vemos imagens de cristãos que morreram como mártires por Cristo e ficamos imaginando se teríamos coragem para fazer o mesmo. Eu realmente creio que Deus dá uma graça especial em momentos como aqueles. No entanto, poucos de nós percebem que também é preciso imensa coragem para viver com retidão por Cristo dia após dia, para passar pelos dias da vida que Deus nos deu debaixo do sol com *integridade* inabalável, fazendo as coisas certas quando ninguém estiver olhando, *vivendo de acordo com padrões, princípios, consciência, e convicções cem por cento do tempo.*

Hoje em dia, os homens são definidos de muitas formas: por quantas flexões conseguem fazer, quantos brinquedos caros possuem, pelo salário que ganham, ou pelo poder que exercem. Você entende. Porém, eu afirmo que um homem de verdade é definido pela sua integridade. Provérbios 22:1 diz: *"A boa reputação vale mais que grandes riquezas; desfrutar de boa estima vale mais que prata e ouro"*. Como você é definido? Você pode ser comprado, subornado, ou manipulado? O seu bom nome significa mais para você do que qualquer quantia de dinheiro ou concessões ao pecado?

A própria palavra *integridade* deriva da mesma raiz que *integer*, que significa um número inteiro, "ser completo, sem faltar nenhuma parte". O caráter de um homem tem que ser completo: seus pensamentos, suas atitudes, seu casamento, seu dinheiro, e suas motivações. A integridade é algo que estamos continuamente desenvolvendo ao longo da nossa vida e eu creio que seja uma razão pela qual Deus fez você escolher este livro. Veja bem, um homem pode ser grande em muitas áreas, mas se uma área de seu caráter estiver comprometida, essa pode ser sua queda. Eu já testemunhei isso várias vezes —

homens que aparentavam ter um sucesso sólido (pastores, líderes políticos, empresários, maridos com famílias e casamentos maravilhosos), mas em algum momento ao longo do caminho permitiram se acomodar em uma área, e daí formou-se uma rachadura que enfraqueceu a integridade de seu alicerce. Ninguém percebeu realmente até que de repente houve um colapso muito público de toda sua estrutura, ferindo muitas pessoas. O que aparentemente ocorreu da noite para o dia, na realidade, havia aumentado gradativamente ao longo do tempo. A acomodação com o pecado é assim. Começa pequeno mas cresce furtivamente até que - bam! – é tarde demais. Se quisermos impedir o colapso da nossa nação, nós homens temos que ter a coragem para caminhar com integridade custe o que custar. Tudo começa com a integridade.

SENDO UM HOMEM DE PALAVRA

Meu pai, de noventa e cinco anos de idade, falava para mim de uma época em nosso país quando os homens eram definidos por sua palavra. Negócios eram fechados, dinheiro era emprestado, e propriedades eram compradas simplesmente com um aperto de mão e uma promessa. A ideia de quebrar a palavra era totalmente desconhecida para eles. Os homens olhavam nos olhos um do outro e estavam basicamente dizendo: "Eu prefiro morrer do que não pagar esse empréstimo ou concluir este acordo". Naquela época, a palavra de um homem era seu comprometimento inviolável com a obrigação assumida. Era considerado um elogio enorme alguém dizer a respeito de você: "Este sim é um homem de palavra". Senhor, nos dê homens de palavra hoje!

A Bíblia diz que o Senhor estava com Samuel e *"fazia com que todas suas palavras se cumprissem"* (1 Sm 3:19). Samuel era um jovem rapaz, mas era respeitado pela exatidão de suas palavras. Quando você firma um compromisso com alguém, honrar esse compromisso se torna a coisa mais importante da sua vida. Integridade é fazer promessas e cumprir essas promessas. Como um pai, aprendi que os meus filhos me responsabilizam por toda promessa que faço a eles. Como pastor, aprendi que os membros da minha igreja da mesma forma me responsabilizam por todo anúncio que faço do púlpito. O nosso lema na Bethany era: "Se eu disse, nós temos que fazê-lo". Honrar a sua palavra é agir como Deus, é literalmente "ser como Deus". Ele honra Sua Palavra e Suas promessas. E nós devemos fazer o mesmo.

É importante honrar a nossa palavra nas coisas pequenas assim como nas grandes. Se não honrarmos a nossa palavra nas pequenas questões, certamente fracassaremos nas questões maiores.

Crie o hábito de escutar a si mesmo em conversas.

Você acabou de dizer para aquela pessoa que ligaria para ele hoje mais tarde? Como você pretende se lembrar desse compromisso para que ela não fique esperando a sua ligação até a hora de dormir?

Você acabou de dizer para a sua esposa que estaria em casa às 17 horas para o jantar? Você terá a disciplina de estar no seu carro após o trabalho às 16h30 para garantir que terá tempo suficiente de honrar o trabalho árduo dela de cozinhar para você?

Você acabou de dizer para aquele cliente que iria reembolsá-lo caso o produto não servisse para ele? Você tem como atender àquele cliente quando ele ligar de volta, ou você simplesmente planeja ser difícil de ser achado naquele momento?

Billy Joe Daugherty, um dos meus amigos mais próximos no ministério, era pastor do grande Victory Christian Center em Tulsa, Oklahoma, antes de sua morte de câncer alguns anos atrás. Ele exemplificou a integridade como quase nenhum outro homem que já conheci.

Quando a Rússia abriu as portas para o Evangelho no início da década de noventa, Billy Joe foi para São Petersburgo e prometeu para aqueles que participavam da cruzada de Lester Sumrall que voltaria todo mês, durante um ano e meio direto, para fazer uma enorme cruzada num estádio com capacidade para vinte mil pessoas. Pontualmente, ele retornou mensalmente nos dezoito meses seguidos, para pregar na sexta-feira à noite e no sábado de manhã, e depois pegava um avião de volta para casa e pregava em seu púlpito no domingo.

Numa daquelas cruzadas russas, ele notou algo diferente no folheto que a equipe da cruzada havia entregado. Terry Henshaw, seu assistente americano, informou a Billy Joe que eles haviam incluído um show a mais na cruzada, apresentando um cantor americano no sábado à noite.

— Infelizmente, o cantor teve que cancelar devido a um acidente — disse Terry.

— Nós cancelamos o estádio e o equipamento de som para o sábado à noite, mas os outros eventos do fim de semana acontecerão normalmente.

Billy Joe perguntou a Terry quantos folhetos haviam sido impressos e entregues. Quando soube que haviam sido impressos cem mil cópias, ele disse:

— Nós teremos um show!

Seu assistente respondeu:

— Não temos nenhum cantor, e a locação do estádio já foi cancelada.

— Terry— Billy Joe respondeu. —Aquele anúncio naquele pedaço de papel é a nossa palavra e a nossa integridade. *Você irá cantar!*

O Pastor Daugherty foi embora para os Estados Unidos naquele sábado à tarde. A grande custo, Terry teve que reservar novamente o estádio e recontratar o equipamento de som para o show. Quando parou seu carro na parte de trás do enorme estádio, ele não ouviu nenhum barulho do lado de dentro. Pensou que não havia ninguém.

Para surpresa dele, quando ele abriu as cortinas do palco e olhou para a arena, havia oito mil cidadãos de São Petersburgo sentados ali. Eles não ficaram sabendo que o show havia sido cancelado! Com dois cantores back-vocal, Terry cantou algumas músicas, pregou uma mensagem simples – *e trezentas pessoas foram à frente para aceitar a Cristo.*

Por causa de integridade.

DIZENDO A VERDADE

A integridade é a base de um homem exemplar, e a verdade é a base da integridade. Ser verdadeiro, autêntico, genuíno e transparente constrói integridade e a restaura quando ela é quebrada. Eu tenho aprendido que as pessoas perdoam facilmente quando eu cometo um erro, mas tendem a perder a confiança quando sentem que não sou verdadeiro e genuíno.

Você já parou para pensar por que um oficial de justiça pede que as testemunhas de um julgamento levantem as mãos

e repitam com ele: "Você promete dizer a verdade, toda a verdade, e nada além da verdade?" É porque nós já inventamos
muitas formas de mentir!

O juramento deveria parar após a primeira frase: "Você
promete dizer a verdade?" Ao invés disso, o oficial tem que nos
perguntar se iremos dizer "toda" a verdade porque podemos
estar retendo informações que mudariam o julgamento de um
jurado sobre a culpa ou a inocência de alguém. Nós chamamos
isso de uma "meia-verdade". Da mesma forma, perguntam-nos
se estamos dizendo "nada além" da verdade porque às vezes as
pessoas sentem a necessidade de embelezar e exagerar drama-
ticamente os fatos a fim de persuadir um jurado.

Nós podemos definir uma mentira, então, como *algo co-
municado com a intenção de enganar*. É possível não dizer absolutamente nada e ainda assim ser enganoso. Se eu permito
que os outros tenham uma percepção favorável mas errada de
mim sem lhes contar os fatos, isso é uma mentira. Se eu re-
tenho informações vitais que mudariam a opinião de alguém
sobre algo, isso é uma mentira. Se eu aumento as capacidades
de um produto ou exagero as minhas realizações, isso é uma
mentira.

As pessoas esperam que certas profissões sejam mais in-
clinadas a colorir os fatos a fim de vender um produto ou ganhar influência. De fato, a América se tornou confortável com
a mentira. O comediante George Carlin recentemente brincou:
"A verdadeira razão pela qual não podemos ter os Dez Manda-
mentos num tribunal: não podemos postar 'Não roubarás', 'Não
adulterarás', e 'Não mentirás' num prédio cheio de advogados,
juízes, e políticos. Isso criaria um ambiente de trabalho hostil!"
Todos riram muito, mas isso é realmente muito triste porque é

verdade. Estudos mostram que um alto percentual das pessoas agora acredita que mentir é uma parte normal da vida.[1]

Que isso não seja verdade para nós!

Atenção cuidadosa e refletida às nossas palavras e às percepções dos outros é como nós dizemos a verdade. E se você for casado, a sinceridade deveria começar com a sua esposa. Mesmo se souber que errou e talvez fique envergonhado, você não deve nunca mentir para a sua esposa. A força do seu relacionamento deve ser construída sobre confiança mútua, e isso começa dizendo a verdade um para o outro.

Verifique a exatidão de toda palavra que sai da sua boca. Essa descrição que você acabou de dar sobre uma das suas realizações é um retrato preciso do que realmente aconteceu? Você já notou uma tendência de exagerar acontecimentos e histórias para que os outros fiquem impressionados? É melhor ter números menores do que ser um mentiroso. Não existe constrangimento maior do que ser rotulado de mentiroso. No trabalho, reconheça as suas falhas e fraquezas sem culpar os outros ou manipular alguém a fim de se proteger. *"Eu errei feio nisso."* Pronto, você admitiu. O seu chefe pensa: "Finalmente, alguém em que eu posso confiar! Irei buscar alguma forma de colocá-lo em um cargo mais alto de responsabilidade". Como tive muitos funcionários ao longo dos anos, eu posso lhe dizer que quando um homem admite seus erros para mim sem encobrir nada ou culpar os outros, eu faço uma observação mental de que esse é um homem no qual posso confiar.

Um homem que é seguro em quem ele é não precisa mentir, mesmo quando comete erros. A insegurança gera mentiras.

Billy Graham sempre foi o padrão platina de integridade ao longo de seus muitos anos de ministério. Ele foi votado cinquenta e seis vezes como um dos homens mais admirados do mundo na Gallup Poll. É interessante que um dos princípios de como a organização dele operava era "ser honesto e confiável em sua publicidade e nos relatórios de resultado".[2] Até hoje, você irá ver um número para frequência e de respostas a convites que são precisos *até a última pessoa* do que realmente ocorreu. A recusa dele de exagerar lhe deu uma plataforma mundial para sentar com presidentes e reis.

PAGANDO AS SUAS CONTAS

A sua integridade deve incluir as suas finanças. Afinal, as suas finanças dizem mais sobre a sua integridade do que qualquer outro indicador. Baixa pontuação de crédito, multas por impostos não pagos, e má gestão de dinheiro podem ser fatais para a sua reputação e a sua carreira. O contrário também é verdade: se você administra dinheiro com responsabilidade, as pessoas o respeitarão e confiarão mais em você.

Um dia a minha assistente me disse que a emissora de televisão local, a ABC, havia me convidado para um almoço na filial deles, mas não disseram por quê. Por muitos anos, eu tive um programa de noventa segundos de reflexão inspiradora naquela emissora. Eu era a única pessoa com um programa cristão que a família que era dona da emissora permitia comprar algum horário no ar, e eles eram donos do jornal local também. Eles eram *a* família da mídia em Baton Rouge. Quando fiquei sabendo do convite para o almoço, passou-me pela cabeça que talvez eles fossem criar alguma história negativa sobre o nosso ministério!

Para a minha surpresa, o almoço foi cordial, e o dono da emissora disse: "Você deve estar querendo saber por que o convidamos aqui. Nós fizemos uma análise de toda a nossa base de dados de clientes e descobrimos que você é o único cliente que nunca pagou sua conta atrasado. Nós queríamos simplesmente honrar você".

Suspiro de alívio.

As pessoas da sua comunidade conhecem você pelas suas finanças. Pagar as suas contas em dia é algo muito importante. Quanto mais tempo você passa fazendo isso, maior é a sua pontuação de crédito e melhor é a opinião da sua comunidade sobre você.

Os Estados Unidos estão no precipício do desastre financeiro devido a uma atitude leviana de "pague quando puder" em relação ao futuro. É uma pena que mais pessoas não sejam como o meu pai. Ele construiu sua primeira casa usando seu pagamento na sexta-feira para comprar algumas placas de reboco e instalando-as no sábado. Eu visito aquela casinha (ainda de pé sessenta anos depois) e fico maravilhado que os meus pais a construíram com *dinheiro*. Papai diz que não tinha bom senso suficiente para saber que era possível pegar dinheiro emprestado para construir uma casa!

Planeje o seu orçamento com margens (mais sobre isso no capítulo "O Compasso da Graça".) Viva com o que você tem. Não compre tudo que os seus olhos veem. O sistema americano é baseado na pressão de comprar o "último". Papai certa vez me disse: "Eu tenho confiança que o sistema mercantil americano irá sempre produzir mais um".

Outra área igual de integridade financeira é em relação a impostos. Paulo disse em Romanos 13:6-8: *"É por isso também que vocês pagam imposto, pois as autoridades estão a serviço de Deus, sempre dedicadas a esse trabalho. Deem a cada um o que lhe é devido: se imposto, imposto; se tributo, tributo; se temor, temor; se honra, honra. Não devam nada a ninguém, a não ser o amor de uns pelos outros".*

Nenhum de nós quer pagar *demais* ao governo, mas a nossa integridade exige que paguemos *corretamente* e *prontamente* ao governo. Nós temos representantes no governo para atender às nossas preocupações em relação à tributação, mas isso não afeta como fazemos a nossa declaração anual de imposto de renda, entregando-a dentro do prazo.

Para mim, o mesmo princípio vale também para Deus e Seu dízimo. Se eu não consigo ser íntegro com a décima parte devida a Deus, como terei integridade com as obrigações devidas ao homem?

Wayne Meyers, um missionário legendário no México por mais de sessenta e cinco anos, contou sobre estar de carona com um pastor mexicano que lhe confessou que não dizimava.

— Pare o carro e me deixe sair! — Wayne disse abruptamente.

O pastor respondeu:

— Mas, senhor, essas estradas são cheias de bandidos.

Wayne disse ao pastor:

— Eu prefiro correr risco com homens que roubam outros homens do que com alguém que ousa roubar a Deus!

Uma última área de integridade fiscal tem a ver com aquelas pequenas decisões diárias que fazemos sobre reembolsos e benefícios corporativos. Daniel era tão meticuloso ao administrar finanças que seus inimigos *"não puderam achar nele falta alguma, pois ele era fiel; não era desonesto nem negligente"* (Dn

6:4). Aquela pequena camuflagem num relatório de despesas vale mesmo a pena se houver uma investigação e a sua reputação for destruída por aquelas pequenas decisões ocultas nas suas viagens?

Certa vez, um dos membros da minha igreja veio até mim falar sobre um parafuso que ele havia pegado de um enorme barril cheio deles em seu local de trabalho. Ele precisava de um parafuso exatamente daquele tamanho para consertar um utensílio em casa e sequer pensou antes de colocar um no bolso. No entanto, durante o caminho do trabalho para casa naquela noite, ele passou pela loja de ferragens local e uma voz falou dentro dele: "Por aquele pequeno parafuso vale a pena sacrificar a sua integridade diante de Deus e da sua empresa?" Ele dirigiu até a loja e comprou o mesmo parafuso por alguns centavos, e devolveu o parafuso da empresa no dia seguinte. Eu sei que isso pode parecer extremo, mas não é. Nós criamos hábitos ao começar com as pequenas coisas.

Quando o nosso estado foi atingido por um forte furacão (não o Katrina) alguns anos atrás, a nossa igreja recebeu dinheiro de todo o país para ajudar as vítimas. Por alguns meses, nós desembolsamos o dinheiro com cuidado, ajudando a comprar telhados, mantimentos, e até igrejas que não tinham eletricidade.

Após quase um ano de benevolência, não podíamos mais encontrar nenhuma necessidade legítima que não havia sido suprida, e ainda tínhamos $25.000 no fundo de emergência. O meu diretor financeiro me perguntou o que fazer com a quantia, e eu me lembrei que um empresário muito rico havia doado exatamente $25.000. Nós devolvemos o dinheiro dele, lhe dissemos que estávamos muito gratos e que o projeto não precisava mais de doações.

Duas semanas depois, eu recebi uma carta daquele bilionário. Ele basicamente disse: "Em todos os meus anos de filantropia, ninguém nunca me devolveu dinheiro. Por causa dessa integridade, eu gostaria de apoiar o seu ministério de qualquer forma possível no futuro com ainda mais recursos".

←————————→

Integridade... É a fundação de quem você é, do que a sua família se tornará e do sucesso que seus negócios terão. É como você se comporta quando ninguém está olhando. É viver a vida com temor a Deus sem se importar com a opinião do homem. Viver com integridade requer *coragem*.

Seja corajoso e faça a coisa certa. Isso preservará você e a sua família.

Ainda que você recebesse somente este único capítulo, valeria a pena ter comprado este livro. Nós temos mais oito princípios como este, cada um o moldando e formando para fazer de você um modelo de Deus.

Questões para Discussão

1. A integridade tem a ver com a verdade enquanto a mentira é uma declaração feita com a intenção de enganar. Discuta a importância de dizer toda a verdade e nada além da verdade.

2. "A palavra de um homem é seu comprometimento inviolável com a obrigação assumida." Compromissos verbais significavam mais na geração passada do que significam agora. Dê um exemplo de alguma vez em que você teve que manter a sua palavra apesar de lhe ter custado algo.

3. Pagar as suas contas em dia não parece ser importante... até que a sua pontuação de crédito é calculada! Quais passos você tem dado para garantir que os seus pagamentos nunca fiquem atrasados?

4. Roubar pode tomar várias formas: sonegação de impostos, retenção de dízimo, remoção de itens do seu local de trabalho, e mais. O Senhor está falando com você sobre alguma coisa que você precisa devolver ao governo, ao Senhor, ao seu vizinho, ou à sua empresa?

NOTAS

1. Por exemplo, uma pesquisa da Associated Press mostrou que quatro em cada dez americanos acreditam que a mentira pode ser justificada às vezes. O mesmo número acredita que não há problema em exagerar uma história às vezes, e um terço diz que não há problema em mentir para conseguir uma folga no trabalho. "The Associated Press Lying Study," (A Pesquisa da Associated Press sobre Mentir) 28 de junho de 2006, http://surveys. ap.org/data/Ipsos/national/2006/2006-06-28%20 LYING%20Study.pdf.

2. Billy Graham Center, "What part did the Modesto Manifesto play in the ministry of Billy Graham?" (Que papel o Manifesto Modesto desempenhou no ministério de Billy Graham) http://www2.wheaton. edu/bgc/archives/faq/4.htm.

A GUERRA CONTRA PUREZA SEXUAL

Quem não sabe se controlar é tão sem defesa como uma cidade sem muralhas.

— PROVÉRBIOS 25:28 (NTLH)

HOMENS, OUÇAM-ME. O inimigo tem lançado um verdadeiro ataque frontal contra nós. Isso não é um jogo em que o prêmio é um troféu, um anel de campeão, ou até um contrato valendo mais de um milhão de dólares. Não, o que está em jogo vale muito mais. Nós estamos numa guerra nojenta, suja e violenta pela nossa própria alma e pelas almas das nossas esposas, dos nossos filhos, e inclusive dos nossos irmãos em Cristo. As feridas e as perdas desse conflito são tão reais como as que acontecem no Iraque, no Vietnam, ou em qualquer outra guerra. Satanás não está de brincadeira. Ele joga para valer, com a intenção de roubar, matar e destruir tudo que é precioso para nós – tudo. Satanás sabe que se conseguir nos derrubar, ele pode derrubar as nossas famílias, as nossas igrejas, e por fim a nossa nação.

Nós temos um inimigo que está determinado a nos destruir.

Neemias 4:14 insiste: *"Não tenham medo deles. Lembrem-se de que o Senhor é grande e temível, e lutem por seus irmãos, por seus filhos e por suas filhas, por suas mulheres e por suas casas".*

Você está disposto a defender o seu território e lutar pelo que é importante? Para ser um *homem exemplar*, você terá que lutar.

Nesta guerra, o inimigo tem muitas armas, mas sua arma preferida contra os homens é a impureza sexual. Desde o início dos tempos, satanás tem usando a luxúria e a sexualidade pervertida para destruir a vida e a eficácia do homem, mas parece que nos dias de hoje ele tem levado seus ataques à pureza a níveis nucleares. Na verdade, ninguém mais espera pureza moral. Para a maioria, até mesmo o pensamento de pureza sexual é ridículo. Ainda assim, a mídia dá o bote como uma cobra venenosa nos homens públicos que caíram porque não conseguiram se controlar sexualmente. Apenas nos últimos anos, as histórias de pastores, generais, deputados, governadores, e atletas mulherengos infiéis têm dominado os nossos noticiários. Os relacionamentos, a reputação, e o futuro deles foram arruinados pela falta de domínio próprio.

Enquanto eu escrevia este capítulo, um pastor proeminente de uma igreja com mais de 20.000 membros teve que deixar o púlpito devido a adultério. Ele anunciou à sua congregação que havia sucumbido a um caso extraconjugal, mas quando toda a verdade veio à tona, descobriram que ele havia tido vários casos ao longo de seu ministério. Nós fazemos cara de choque quando vemos tais notícias, mas a verdade é que não estamos mais tão chocados hoje em dia. Aqui está o por quê. Um estudo recente revelou que 57 por cento dos homens casados, inclusive *cristãos*, admitiram ter sido infiéis, e 74 por cento disseram que teriam um caso extraconjugal se nunca fossem descobertos![1] O que está acontecendo com a nossa liderança é apenas um reflexo do que está acontecendo na nossa sociedade. A maioria dos homens simplesmente acha que têm sorte de não terem vida pública.

Algo está errado – terrivelmente errado.

O tipo mais vil e detestável de pornografia está agora disponível com o simples clique de um mouse. Pense na estratégia do inimigo com a pornografia. Os homens estão viciados, e isso está roubando seu tempo precioso, sua produtividade e seu destino divino. As mentiras de satanás estão destruindo o melhor de suas mentes criativas, tirando seu foco e os reduzindo a meros escravos. As estatísticas são surpreendentes. Outro estudo, este feito por Nielson, mostrou que mais de 50 por cento dos homens *cristãos* dizem que são viciados em pornografia – não só veem, mas são viciados! Cinquenta e um por cento dos *pastores* admitiram que a pornografia é uma tentação pessoal, e 40 por cento dizem que estão lutando contra isso. Um terço desses 40 por cento diz que assistiram pornografia nos últimos 30 dias.[2]

Nos Estados Unidos, mais de 2 milhões de dólares são gastos em pornografia por segundo.[3] Por segundo! Vamos parar um momento para entender o que isso quer dizer. A pornografia quase sempre leva a outros pecados sexuais e à desvalorização de cônjuges e famílias. Ela impede a capacidade do homem de ouvir a Deus. O nosso vício em pornografia está fora de controle e é um sintoma de um problema muito mais profundo. O sociólogo Dr. Jill Manning disse: "Pesquisas revelam muitos efeitos sistêmicos da pornografia que estão enfraquecendo a cultura já vulnerável do casamento e da família. Ainda mais perturbador é o fato de que as primeiras gerações da internet ainda não alcançaram maturidade total, então os limites superiores deste impacto ainda têm que ser atingidos".[4]

HOMENS, ACORDEM!

Veja este versículo: *"Pois a carne deseja o que é contrário ao Espírito; e o Espírito, o que é contrário à carne. Eles estão em conflito um com o outro, de modo que vocês não fazem o que desejam"* (Gl 5:17, grifos do autor). O inimigo usa a nossa carne para nos impedir de fazer as coisas que temos que fazer – aquelas coisas que Deus nos está chamando para fazer, as coisas que todo homem lá no fundo realmente quer fazer. C.S. Lewis disse, em referência à sexualidade e à carne: "A "natureza" (no sentido de um desejo natural) terá de ser controlada de um jeito ou de outro, a não ser que queiramos arruinar nossa vida".[5] Os homens estão literalmente arruinando suas vidas inteiras por causa da falta de autocontrole. Eu também acrescentaria que a falta de domínio próprio dos homens está arruinando toda a nossa nação!

A sua carne está em guerra com os desejos e as fantasias dela. Porém, você não tem que colaborar com isso.

Você não tem que se acomodar.

Você pode lutar e você pode vencer! Um homem *pode* caminhar limpo fisicamente e mentalmente, comprometido em lealdade com uma esposa pela vida toda. Eu tenho testemunhado isso na vida do meu pai e de outros homens de Deus. Eu tenho vivenciado isso pessoalmente. Sim, um homem pode caminhar puro, mas isso não irá acontecer acidentalmente. Se você quer mesmo vencer essa luta, terá que estabelecer alguns limites e erguer alguns muros para manter o inimigo do lado de fora.

MUROS DE GUERRA

O versículo do início deste capítulo, Provérbios 25:28, diz *"Quem não sabe se controlar é tão sem defesa como uma cidade sem muralhas"* (NTLH). Na antiguidade, as cidades eram definidas por seus muros. Na verdade, os muros mandavam uma mensagem para os habitantes e para os inimigos do lado de fora dos muros. Eles serviam como proteção contra o ataque militar e davam grande segurança aos habitantes. Falando de forma simples, se os muros de uma cidade fossem derrubados por alguma razão — negligência, incêndio, condições climáticas, ou cerco militar — um inimigo poderia simplesmente entrar e destruir tudo. Quando o inimigo estava do lado de dentro dos muros da cidade, a batalha era muito mais difícil de vencer.

Muros eram importantes.

Neemias entendia isso. É por essa razão que ele ficou tão devastado que os muros de Jerusalém haviam sido derrubados (ver Neemias 1:3). Ele estava tão triste que clamou a Deus. *"Quando ouvi essas coisas, sentei-me e chorei. Passei dias lamentando-me, jejuando e orando ao Deus dos céus"* (Ne 1:4). Logo depois, Deus chamou Neemias para a importante tarefa de reconstruir os muros.

E quanto à cidade da sua vida? Existem muros santos que cercam você e a sua família, muros que definem você? Você está mandando uma mensagem para os habitantes do seu círculo de que você está seguro, que eles estão seguros e podem confiar em você, e para o inimigo manter distância? Você tem torres erguidas, mantendo olhos vigilantes nas táticas do seu oponente? Ou os seus muros estão destruídos, permitindo que o inimigo entre e destrua tudo?

Homens com muros destruídos estão tentando lutar contra o inimigo quando ele está perto demais. Deus está chamando os homens para reconstruírem os muros e criarem limites seguros em suas vidas. Esse tipo de ação radical é o que será necessário para derrotar o inimigo da impureza sexual. Muros são limites que anunciam para o inimigo: "Você pode fazer o que quiser no mundo aí fora, mas essa área aqui é minha responsabilidade e pertence ao Senhor. Você não irá entrar aqui! Eu estou emparedado".

Viver uma vida sem autocontrole ou limites pré-determinados é como tentar defender uma cidade sem muros. Para vencer a guerra da pureza, você tem que construir uma fortaleza ao seu redor. Nós precisamos de homens como Neemias, que estão entristecidos, que choram e se lamentam por causa dos muros destruídos, e que depois trabalham para reconstruí-los!

Um amigo meu morou no interior. Sua mãe carregava consigo uma raquete mata-moscas para todo lado dentro de casa a fim de matar moscas. O problema era que *não havia nenhuma tela nas janelas!* Seu filho a convenceu a colocar tela nas janelas, e adivinha? Logo ela não precisava mais de seu mata-moscas! Você está tentando matar desesperadamente as moscas sexuais, mas não tem telas nas janelas?

UMA LIÇÃO DE SANSÃO

Que líder poderoso Sansão era! Ele era uma lenda. Ele matou dez mil homens com uma queixada de burro. Ele dominou Israel por vinte anos.

Quando Sansão nasceu, o anjo do Senhor disse a seus pais que ele seria um nazireu de nascença (ver Juízes 13:5). Era exigido que as nazireus seguissem apenas três regras (ver Números 6:3-6):

1. Nunca tocar uvas nem beber vinho.
2. Nunca tocar o corpo de um morto.
3. Nunca cortar o cabelo.

Parece simples, não parece? Seguir essas três regras fundamentais manteve Sansão puro por maior parte de sua vida. Infelizmente, ao longo de seus anos de liderança, pequenos comprometimentos penetraram em sua vida.

Primeiro, nós o vemos ir a uma vinha e matar um leão (ver Juízes 14:5-6). A minha primeira pergunta para Sansão naquela situação teria sido: "Se você não deve nunca tocar uma uva, o que está fazendo numa vinha?"

Segundo, nós o vemos voltar à vinha um tempo depois e colocar as mãos dentro do corpo do leão morto para pegar mel (ver Juízes 14:8). A minha segunda pergunta para Sansão é: "Se você não deve nunca tocar o corpo de um morto, o que está fazendo ao tocar o cadáver de um leão?"

Ao quebrar essas duas primeiras regras de comportamento, foi fácil para ele deitar a cabeça no colo de uma prostituta e ter seu primeiro corte de cabelo.

Para mim, parece que se você consegue guardar alguns padrões durante a sua vida, as suas chances de permanecer sexualmente fiel à sua esposa são de quase cem por cento. *Aqueles padrões servem como muros ao redor da sua mente e do seu coração, protegendo-o de ataques sexuais que certamente virão.* Nós iremos abordá-los neste capítulo.

PUREZA, NO ESTILO DE BILLY GRAHAM

No capítulo sobre integridade que acabamos de ler, eu mencionei Billy Graham como o padrão platina de fidelidade conjugal e pureza sexual. No mesmo tratado chamado de "Modesto Manifesto" havia um padrão que o ministério de Graham tem usado por mais de sessenta anos: "Nunca fique sozinho com uma mulher". É um padrão que qualquer um de nós poderia adotar.

O poder dessa diretriz é que você nunca se coloca numa posição de ser tentado a ter intimidade com outra mulher além da sua esposa. Além disso, significa que nenhuma mulher nunca poderá lhe acusar falsamente de dar em cima dela num local privado sem nenhuma testemunha.

Eu tive o privilégio de entrevistar o Dr. Tom Phillips, vice-presidente da Biblioteca Billy Graham. Ele confirmou que revistava o quarto de hotel do Dr. Graham à noite (closet, banheiro, debaixo das camas) para ter certeza de que ninguém mais estava no quarto antes de o Dr. Graham ir dormir. Um dos evangelistas que trabalhavam com o Dr. Graham hospedava-se no quarto bem em frente ao dele para poder observar qualquer pessoa que entrasse ou saísse pela porta do Dr. Graham.

Essas diretrizes podem parecer arcaicas e tolas na sociedade de hoje, mas veja o fruto de guardar fielmente alguns pequenos padrões durante a vida: uma vida com um casamento feliz e uma reputação que permanece sem manchas e limpa.

O Pior Pesadelo de Davi

O sucesso seguia tudo que Davi fazia. Ele vencia toda batalha, matava todo gigante e conquistava toda nação inimiga. Ele até sobreviveu a seu primeiro inimigo, Saul, que o perseguiu por anos pelo interior da Judeia.

Entretanto, certa noite, sua guarda caiu. Do terraço de seu palácio, seus olhos flagraram as curvas de uma mulher tomando banho com as cortinas parcialmente abertas. Ele não sabia quem ela era, mas suas curvas o atraíram, e ele fantasiou um contato sexual com ela. Quando ele mandou buscá-la, para sua surpresa descobriu que ela era a esposa de um dos tenentes do alto escalão de seu exército. O restante é história.

Eu estava assistindo ao incrível especial da BBC chamado *Planeta Terra* alguns anos atrás. O quarto episódio, intitulado "Cavernas", falava sobre uma caverna profunda na Nova Zelândia.

Quando a equipe de filmagem alcançou a intensa escuridão do fundo da caverna, eles viram milhares de luzes piscando no teto da caverna. Aquelas luzes piscando vinham do pirilampo da Nova Zelândia e pareciam estrelas no teto da caverna. Debaixo de cada luz havia um fio de seda pendurado, de cerca de 45 centímetros, criado cuidadosamente pelo pirilampo a partir de uma substância muito pegajosa. Do fundo da caverna, mariposas eram atraídas pelas luzes piscando e iam curiosamente até o teto para investigar. O que elas não sabiam era que os fios de seda pendurados eram quase invisíveis na escuridão e iriam grudar em suas asas no momento em que elas os tocassem, e seria impossível se livrar deles.

Enquanto eu assistia àquele documentário, vi a asa de uma mariposa ficar presa. A mariposa voava em círculo tentando se soltar, mas então sua outra asa ficou presa. Depois, o abdômen da mariposa grudou na seda e eu pude vê-la se contorcer desesperadamente enquanto estava pendurada no ar.

Depois o pirilampo começou a retrair o fio de seda. Cada vez mais alto, em direção à boca do pirilampo, a exausta e desamparada mariposa, estava sendo puxada. Por fim, ouvi o mastigar do pirilampo enquanto ele comia lentamente a mariposa até que ela desapareceu.

O Senhor me disse naquele momento: *"É isso que está acontecendo com os Meus servos. Eles ficam curiosos com algo atraente. Deixam a segurança de seu lar e avançam até a 'luz piscando'. Eles mal percebem que estão se prendendo a cada mensagem de texto, a cada visita, a cada toque e a cada abraço".*

Provérbios 7:22-23 diz: *"Imediatamente ele a seguiu como o boi levado ao matadouro, ou como o cervo que vai cair no laço até que uma flecha lhe atravesse o fígado, ou como o pássaro que salta para dentro do alçapão, sem saber que isso lhe custará a vida".*

O plano de satanás é *"roubar, matar e destruir"* (Jo 10:10). Ele até transforma a simples curiosidade numa catástrofe.

DIRETRIZES PESSOAIS

Você *precisa* ter diretrizes pessoais estabelecidas a fim de permanecer sexualmente puro. Se você se deixar levar pela corrente, dia após dia, de situação a situação, sem limites inegociáveis estabelecidos, você poderá se encontrar atravessando o limite do qual é difícil retornar.

Nas Cataratas do Niágara há uma placa em certo ponto avisando que nenhuma tentativa de resgate é possível ao passar daquele ponto, pois você certamente será engolido pela forte correnteza das cataratas. Há um ponto de perigo similar na tentação sexual. Fique longe dessa linha! Não flerte com o perigo de um relacionamento ilícito. Você não tem a força nem o poder para vencê-lo uma vez que ultrapassar um certo ponto. Ao invés, siga as seguintes diretrizes de prestação de contas, compatibilidade, e confiabilidade.

1. Prestação de contas

Certa vez, alguém me disse: "Todo nós temos um desempenho melhor quando somos vigiados". Prestação de contas simplesmente significa que estamos nos colocando voluntariamente numa posição em que outros podem zelar pela nossa alma. É quase impossível cair num caso extraconjugal, num relacionamento ilícito, ou num hábito pornográfico se você se mantiver à vista dos outros.

Falando de forma prática, isso significa que informamos abertamente e voluntariamente à nossa esposa sobre a nossa localização e os nossos relacionamentos. A minha esposa sabe *onde* estou e com *quem* estou o dia todo, todos os dias. Eu dirijo frequentemente pela cidade, mas ela conhece o meu horário e a minha rota. Eu não apareço meia hora de distância de onde eu disse a ela que estaria. Se alguma coisa faz com que eu mude os meus planos, eu ligo e aviso a ela.

Talvez você pergunte: "E quanto à liberdade?"

A minha resposta é que um trem é livre somente quando está nos trilhos.

Viaje com um companheiro.

É claro, haverá vezes em que você não poderá levar outra pessoa consigo, mas é aí então que você fica mais vulnerável. Jesus enviou Sua equipe de dois em dois por uma razão (ver Lucas 10:1). Eu já levei meus filhos, outros pastores, e a minha esposa comigo em muitas viagens internacionais pelo simples propósito de proporcionar segurança e prestação de contas. Eu digo ao grupo que me convida que eu prefiro duas passagens em vez de uma oferta. Eu levo muito a sério a abordagem Paulo-e-Silas.

Filtre a internet.

O seu diretor de TI (ou a sua esposa) pode instalar um filtro em qualquer dispositivo com internet e ser o administrador desse filtro. É claro, qualquer sistema técnico pode ser fraudado, mas 99 por cento das exposições pornográficas fortuitas e acidentais serão eliminadas se o filtro for instalado. Com a insidiosa indústria pornográfica tentando constantemente colocar uma imagem na frente dos seus olhos através de email, Twitter, mensagem de texto, e cookies da internet, você *precisa* se proteger!

Eu sei que um filtro às vezes irá bloquear um site legítimo que você quer acessar. Isso não é um grande problema. Lembre-se de que você nem tinha internet até que foi inventada!

Controle a sua TV a cabo.

Alguns programas da TV a cabo se tornam programas pesados de pornografia após as onze horas da noite. A sua empresa de TV a cabo permite que você bloqueie essa rede. Lembre--se, existem quinhentos canais a cabo. Certamente, você pode ficar sem alguns que mostram imagens sedutoras quando você está cansado e vulnerável.

Alguns anos atrás, eu estava num hotel e, no momento em que liguei a televisão, um filme pornô apareceu na minha frente. Eu desliguei a televisão e reclamei com o gerente, que prontamente bloqueou todos os canais pornográficos do meu quarto.

Nós estamos numa batalha!

Monitore a sua correspondência.

Até mesmo o serviço de correio se tornou um canal para que pornografia "leve" seja entregue na sua porta. Após receber uma revista de propaganda indecente, eu e a minha esposa fomos até o correio com o que eles haviam entregado na nossa casa. Eles se desculparam e nos disseram que poderiam colocar o nosso nome numa lista que bloqueava materiais como aquele. Nós aceitamos, eles o fizeram, e colocamos um fim naquilo.

Vigie o seu local de trabalho.

No mundo de hoje, os homens muitas vezes se encontram em situações de trabalho em que têm proximidade com mulheres da equipe. Infelizmente, há ocasionalmente algumas mulheres ali cuja vida pessoal é deplorável e que anseiam por intimidade. Mantenha as regras de nunca ficar sozinho, e até converse sobre isso com um supervisor caso se sinta desconfortável nesses ambientes. É claro, *nunca toque!* Um toque leva a um beijo, um beijo leva a um abraço, e um abraço leva a um caso amoroso consumado.

2. Compatibilidade

"A melhor defesa é uma boa ofensa". (Isso não está na Bíblia, mas poderia estar!) Se o relacionamento do seu casamento for profundo e íntimo, você terá quase que nenhum desejo por outra mulher. (Eu abordarei esse assunto mais a fundo no sétimo capítulo, sobre casamento). Quando você perde a atração pela sua esposa, quando os seus horários se transformam em barcos passando pelo horizonte, quando estresse e cansaço esgotam as suas defesas, você é um forte candidato para um relacionamento secreto.

Mantenha uma vida sexual saudável.

Paulo avisou sobre os perigos da vida sexual de um casal se tornar esporádica e sazonal: *"Não se recusem um ao outro, exceto por mútuo consentimento e durante certo tempo, para se dedicarem à oração. Depois, unam-se de novo, para que satanás não os tente por não terem domínio próprio"* (1 Co 7:5).

Em outras palavras, o seu relacionamento e o seu contato sexual devem ser regulares, românticos e recompensadores. Satanás está esperando para sondar através de uma rachadura no muro onde você ou sua esposa não sentem mais atração pelo outro ou começa a fantasiar sobre um relacionamento íntimo com outra pessoa.

Se você perdeu atração pela sua esposa, busque conselho. Talvez você tenha um bloqueio físico, emocional, ou psicológico que está fazendo com que vocês percam atração um pelo outro.

Reconecte-se romanticamente.

As noites devem ser compartilhadas porque é o horário principal para vocês dois assistirem um filme ou uma série de televisão que ambos gostam depois que as crianças forem para a cama. Faça com que a sua rotina à noite seja conducente à diversão e relacionamento íntimo antes de dormir. Vá para cama num horário adequado — com os telefones desligados! Esses pequenos passos podem salvar o seu casamento e prevenir a destruição do seu exemplo espiritual.

Proteja a sua esposa.

Seja sensível ao estado emocional e aos desafios pelos quais a sua esposa está passando. Nunca a coloque numa posição em que ela possa ser tentada por outro homem — o cara da manutenção, um hóspede, ou quem quer que seja. Se o seu relacionamento está num estágio ruim, ela pode ser tentada pela aproximação de outro homem, algo que poderia ser igualmente devastador como *você* cair na armadilha do inimigo.

3. **Confiabilidade**

A prestação de contas é o primeiro estágio de pureza que protege você do perigo. A compatibilidade é o segundo estágio, fazendo com que tentações morais se tornam quase insignificantes e tolas. A última coisa inegociável que você precisa a fim de permanecer puro em toda a sua vida é um sistema de relacionamentos e atividades consistentes e confiáveis que você nunca perde. Sem esses sistemas implementados, você se torna inconsistente e mais vulnerável a mudanças de humor, tentações de fim de semana, e pontos baixos em que as suas fraquezas tomam conta das suas intenções.

O livro de Eclesiastes nos diz: *"É melhor ter companhia do que estar sozinho, porque maior é a recompensa do trabalho de duas pessoas. Se um cair, o amigo pode ajudá-lo a levantar-se. Mas pobre do homem que caie não tem quem o ajude a levantar-se!"* (Ec 4:9-10). Nós precisamos de outras pessoas.

Aqui estão alguns sistemas que eu implementei para manter relacionamentos confiáveis e que recomendo a você:

Participe de um grupo pequeno semanal.

Eu acredito na importância de um momento semanal num culto onde a adoração e a mensagem me edificam e me encorajam (ver Hebreus 10:25). Porém, eu tenho aprendido que, além disso, um grupo pequeno semanal com outros homens que batalham contra as mesmas tentações que eu, tem tremendo poder para me manter puro. John Wesley tinha sessenta mil crentes metodistas em pequenos grupos semanais na Inglaterra, reunidos por uma simples pergunta que respondiam um de cada vez: "Que tentação você enfrentou essa semana, e como você a venceu?

Se você está olhando, não nas costas das pessoas na igreja, mas no rosto dos homens do seu grupo pequeno toda semana, você está na situação ideal para ser transparente, verdadeiro, e vulnerável. Jesus disse, *"Pois onde se reunirem dois ou três em Meu nome, ali Eu estou no meio deles"* (Mt 18:20). Este livro será seguido por uma série separada de lições para grupos pequenos que irá ajudá-lo a começar um grupo para homens na sua igreja pelo qual você certamente será fortalecido.

Toda semana na nossa igreja, cerca de duzentos empresários sentam ao redor de vinte e quatro mesas com oito cadeiras cada e conversam sobre uma pequena lição numa reunião de uma hora composta por uma refeição (20 minutos), uma lição (20 minutos), e um tempo de discussão e oração (20 minutos). É simples. É curto. Não há nada de mágico nisso, mas é um *sistema* que fortalece inclusive o cristão mais fraco que frequenta para se tornar um leão por Deus. (Mais sobre isso na conclusão.)

Adote um plano diário de leitura bíblica.

Desde 1990, a nossa igreja segue um plano anual de leitura bíblica, que nos leva a ler toda a Bíblia em cerca de cinquenta minutos por dia.

Jesus disse: *"Santifica-os na verdade; a Tua palavra é a verdade"* (Jo 17:17). Nós temos várias traduções em nossas estantes e o aplicativo YouVersion em nossos celulares. O problema não está em *ter* Bíblias, mas em *usar* Bíblias. Se um homem — qualquer homem — comprometer-se a ser consistente num plano diário de leitura bíblica, sua maturidade espiritual crescerá disparadamente e sua vulnerabilidade à tentação se tornará insignificante.

Ler a Bíblia diariamente é o mesmo que colocar telas para se proteger das moscas da tentação. É a sua defesa mais forte contra a infiltração de satanás na área sexual.

Pratique jejum e oração.

Lucas 4:3-13 e 1 João 2:16 nos mostram que Jesus passou quarenta dias em jejum e oração para Se fortalecer contra as três maiores tentações de Sua vida: a cobiça da carne (pão), a cobiça dos olhos (poder), e a ostentação dos bens (o templo). Por que a mesma coisa não funcionaria para nós?

Ao longo dos meus anos como cristão, eu tenho aprendido o poder da oração diária e do jejum semanal. O meu tempo de oração pode ser de alguns minutos ou até uma hora. Eu tento jejuar pelo menos uma vez por semana até a hora do jantar (geralmente sábado). Alguma coisa dessa simples rotina tem me capacitado a ter uma vantagem espiritual contra a tentação: tem reconectado o meu espírito com o Espírito Santo. Alguém disse: *"O propósito do Espírito Santo é tornar um espírito santo"* (dentro de você!).

Você pode fazer isso! Se você se dispor a prestar contas a alguém, aproximar-se a sua esposa, e mantiver sistemas de fortalecimento espiritual toda semana, você *irá* conseguir!

Talvez o seu primeiro pensamento seja: *Eu já falhei moralmente. Eu tenho visto pornografia. Eu já dei em cima de outras mulheres. Existe alguma esperança de este ciclo ser quebrado e a minha vida se tornar uma fortaleza de força, estabilidade, e pureza?*

A resposta é sim. Existe esperança.

Ache alguns irmãos espirituais que possam lhe ajudar. Como Paulo diz: *"Irmãos, se alguém for surpreendido em algum pecado, vocês, que são espirituais, deverão restaurá-lo com mansidão. Cuide-se, porém, cada um para que também não seja tentado. Levem os fardos pesados uns dos outros e, assim, cumpram a lei de Cristo"* (Gl 6:1-2). Derrame a sua alma. Seja verdadeiro, sincero e transparente. Abra as janelas da sua alma para a luz. Abandone (com os seus irmãos) todo pensamento, relacionamento e passado errado. Venha até a Cruz de Cristo e deixe o sangue Dele lavar os seus fracassos do passado. Convide o Espírito Santo para encher você de força.

Parabéns! Você acabou de vencer na área mais difícil para os homens conquistarem. Deus já está restaurando a sua *integridade*, e agora Ele está restaurando a sua *pureza*. A terceira área de caráter do homem exemplar é ser um exemplo.

QUESTÕES PARA DISCUSSÃO

1. Como os seus muros e os seus limites definem você? Existe alguma área em que os seus muros estão destruídos? Que passos você está tomando para reconstruí-los?

2. Se Sansão tivesse guardado suas três pequenas regras, ele teria governado Israel a vida inteira em vez de morrer com os filisteus. Que padrões você tem usado para manter a sua vida pura?

3. A regra número um de Billy Graham era "Nunca fique sozinho com uma mulher". Você enfrenta situações em que você terá que aplicar essa regra à sua vida? Quais?

4. Prestar contas sobre internet, suas viagens, TV a cabo, e o seu local de trabalho é algo crítico. Quais sistemas você tem implementado para garantir que tentações não lhe vençam em nenhuma dessas áreas?

5. Se você é casado, ter compatibilidade sexual com a sua esposa pode impedir muita tentação. Discuta sobre o desafio de manter intimidade sexual neste mundo corrido e estressante.

Notas

1. Mark Laaser, MDiv, PhD, *The Fight of Your Life (A Luta da Sua Vida)* [©2014 FOYL Events], 5, www.infidelityfacts.com.

2. Mark Laaser, MDiv, PhD, *The Fight of Your Life (A Luta da Sua Vida)* [©2014 FOYL Events], 2, www.covenanteyes.com.

3. *United Families International Blog* (Blog Internacional Familias Unidas), Huffington Post.

4. Dr. Jill Manning, *Pornography's Impact on Marriage & the Family*, (O Impacto da Pornografia no Casamento e na Família) The Heritage Foundation, 9 de novembro de 2005, http://www.heritage.org/research/testimony/pornographys-impact-on-marriage-amp-the-family.

5. C. S. Lewis, *Mere Christianity* (Mero Cristianismo) [Nova Iorque: Simon & Schuster Inc. Touchstone, Ed. 1980], 94.

CAPÍTULO TRÊS

TODOS OS OLHOS ESTÃO VOLTADOS PARA VOCÊ

*Mas seja um **exemplo** para os fiéis na palavra, no procedimento, no amor, na fé e na pureza.*
– 1 TIMÓTEO 4:12, grifo do autor

O TERCEIRO ELEMENTO CRÍTICO do caráter de um *homem exemplar* é ser um *exemplo*. *Integridade* é como somos diante de Deus quando ninguém está olhando. *Pureza* é ter muros e limites firmes ao nosso redor guardando os nossos corações da imoralidade sexual. *Exemplo* é como somos percebidos pelos outros no nosso círculo de influência. Como um banquinho de três pernas, se faltar uma perna, o nosso caráter não fica de pé, nem pode ficar firme sob pressão. É preciso todas as três pernas para ficar devidamente equilibrado e forte.

A maioria de nós em algum momento tem sido desapontado por aqueles que são considerados exemplos em nosso país. Parece que quase diariamente ouvimos que outro atleta bem conhecido foi preso com acusações de uso de drogas ilícitas, roubo ou abuso sexual. Rotineiramente, algum político ou pastor é atacado pela mídia após ser pego em adultério ou envolvido em outro escândalo financeiro. Celebridades estão saindo do armário por todos os lados, exibindo arrogantemente seu pecado na frente das câmeras, enquanto os heterossexuais pulam de cama em cama com pouco ou nenhum padrão de moralidade. Esses tipos adoram estar em cena, mas evitam os holofotes, recusando-se a assumir a responsabilidade de serem exemplos.

Como um *homem exemplar*, talvez você não esteja nos holofotes, mas os olhos estão *sim* voltados para você. Alguém *está* vigiando cada passo que você dá. Mesmo que seja somente uma pessoa, essa pessoa é tão importante quanto um milhão de pessoas. Veja bem, Deus se importa com as pessoas individualmente. Ele nos usa para alcançar os indivíduos que fazem parte do nosso círculo de influência ao longo da nossa vida.

Certo domingo, um pastor de uma das igrejas mais dinâmicas e grandes de Baton Rouge fez uma pesquisa de "levante a mão se..." em sua congregação. Ele perguntou quantas pessoas haviam conhecido o Senhor através de um evangelista ou um ministério de televisão. Algumas mãos se levantaram no santuário. Depois, ele perguntou quantas haviam aceitado Jesus após terem sido evangelizadas por um estranho. Novamente, algumas mãos se levantaram. Por fim, ele perguntou quantas haviam se convertido porque foram influenciadas por um amigo ou membro da família. Um mar de mãos se levantaram no ar, quase a igreja inteira! Deus usa todos esses métodos diferentes para plantar sementes e atrair pessoas para Si mesmo, mas na maioria das vezes é a influência de um relacionamento pessoal que Deus usa para fechar o negócio e gerar discipulado duradouro.

Para aqueles de nós que às vezes se sentem pequenos e insignificantes, o nosso sucesso como *homens exemplares* não está no nosso tamanho, mas na nossa estatura; não nos nossos resultados, mas na nossa reputação. Nunca diminua a importância de alcançar uma pessoa. Enquanto a Madre Teresa ia silenciosamente de cama em cama numa enfermaria de Calcutá visitar os incuráveis, ela certamente nunca sonhava que o mundo um dia olharia para uma foto sua e ficaria inspirado. Aqueles com quem você trabalha ou quem você lidera *agora* podem estar aprendendo lições com você que os impulsionarão a ir muito mais além do seu próprio sucesso.

A fim de trazer a nossa nação de volta à retidão, ela tem que ser cheia de homens que aceitam a responsabilidade de serem exemplos seja qual for a fase de suas vidas. Eles não têm medo de uma inspeção rigorosa. Apesar de com certeza não serem perfeitos, eles se esforçam para não fazer nada que ofenda, desvie, nem desaponte a próxima geração. Quando cometem um erro, eles são rápidos em admitir e buscar perdão. Muitas vezes, o próprio ato de admitir que estávamos errados e buscar perdão é um exemplo da graça de Deus em ação. Seja ele um treinador, professor, empresário, esposo, pai, ou encanador, o *homem exemplar* pensa em termos de como um mundo perdido o vê como uma testemunha de Cristo.

Paulo nos desafia:

*Irmãos, sigam unidos o meu **exemplo** e observem os que vivem de acordo com o padrão que lhes apresentamos.*

Filipenses 3:17, grifo do autor

*Não deixe que ninguém o despreze por você ser jovem. Mas, para os que creem, seja um **exemplo** na maneira*

de falar, na maneira de agir, no amor, na fé e na pu-
reza.

1 Timóteo 4:12 (NTLH), grifo do autor

E quanto a você? Você está estabelecendo um exemplo para outros crentes seguirem assim como para os não cristãos que irão julgar o cristianismo pelo que veem em você? Você consegue suportar que o observem? Você aceita o desafio? Está pronto para que Deus molde, esprema, puxe, estique, e forme você à imagem de Jesus para que uma comunidade confusa o observe? Vamos lá!

A NOSSA MANEIRA DE FALAR

Na passagem acima, quando Paulo aborda as áreas que são críticas para ser um exemplo eficaz, ele vai direto ao ponto e chega ao cerne da questão da vida cotidiana. Ele começa com algo incrivelmente prático, a nossa *maneira de falar*. Isso soa tão simples e ordinário, mas vamos admitir, controlar a língua não é algo fácil de se fazer! Paulo começa com o falar porque se conseguirmos aprender a controlar a nossa língua, todo o resto se encaixa. Tiago 3:2 diz, *"Se alguém não tropeça no falar, tal homem é perfeito, sendo também capaz de dominar todo o seu corpo"* (grifo do autor). Você entendeu isso?

Controle a sua língua e você poderá controlar o seu corpo.

Uma coisa é ler sobre controlar a língua neste livro; outra coisa é ficar preso numa fila de vinte pessoas no supermercado e ter vontade de dizer o que vem à cabeça. Eu não sei quanto a você, mas toda fila em que eu fico se torna a fila mais demorada. Inevitavelmente, há uma pessoa no caixa contando cupons. Todas as outras filas andam, menos a nossa. Eu sou uma pessoa ocupada e tenho muita vontade de ir até o caixa e dizer: "Você não está vendo que tem vinte pessoas nessa fila e todos nós somos ocupados?" No entanto, o problema é que eu sou uma figura pública na nossa cidade, e imediatamente alguém da fila iria me reconhecer. Por dentro, eles pensariam: *Qual é o problema dele? Ele não pode se controlar e esperar? Eu pensei que o cristianismo tinha a ver com paz e paciência. Todos nós estamos esperando pacientemente — por que ele não pode esperar também?*

Tiago continua, *"a língua, porém, ninguém consegue domar. É um mal incontrolável, cheio de veneno mortífero"* (Tg 3:8). As palavras que você diz para a sua esposa, para os seus filhos, para os seus funcionários e até para os clientes na fila do mercado se tornam a medida da sua espiritualidade para muitas pessoas. A sua língua possui em si mesma o poder de declarar vida ou morte. *"A língua tem poder sobre a vida e sobre a morte;"* (Pv 18:21).

Certo homem comprou um cortador de grama usado. O vendedor lembrou a ele que aquele era um cortador *usado* e que às vezes seria difícil girar a manivela. Ele inclusive deu a entender que de vez em quando iria "fazer você xingar".

O comprador, um pastor, ficou ofendido e disse:

— Eu esqueci todos os palavrões que eu sabia vinte anos atrás quando entrei para o ministério.

O vendedor respondeu:

— Ah, esse cortador de grama vai fazer você lembrar de todas eles!

Uma língua gentil e amável, em vez de uma língua cortante, grossa e que fere, não é fácil de manter. As pressões do trabalho, do clima, das preocupações e das crianças gritando podem forçar quase qualquer pessoa a dizer uma palavra agressiva! Sim, *"a língua ninguém pode domar"*, somente o Espírito Santo. Peça ajuda a Deus para andar no Espírito e ter domínio próprio sobre a sua língua.

Eu me lembro de um momento de verdade para a minha família. Com seis crianças, nós dirigimos uma van grande de quinze passageiros por vários anos. Certo dia, enquanto dirigíamos por uma pista no shopping center local, alguns rapazes haviam bloqueado a pista com seu carro enquanto alguns outros estavam pendurados na janela conversando. Nós esperamos alguns segundos enquanto eles olhavam casualmente para nós sentados dentro da van esperando por eles. Após trinta segundos, ficou aparente que eles não estavam indo embora de propósito.

— Vai até lá e diz o que você está pensando, pai! — meus filhos começaram a dizer gritando.

Eu estava tentado a aceitar o conselho, mas, ao invés, eu orei silenciosamente pedindo graça para esperar aqueles adolescentes irem embora. Finalmente, após cerca de sessenta segundos (que pareceram dez minutos!), eles se moveram para o canto e ficaram nos encarando enquanto passávamos.

Tenho certeza de que você sabe como é estar numa situação em que a sua língua luta dentro da boca para poder sair e dizer o que quiser. Da próxima vez em que você estiver prestes a descontar a língua em alguém, repita consigo mesmo: "eu sou um exemplo."

A NOSSA CONDUTA

Após nos exortar a ser um exemplo na maneira de falar em 1 Timóteo 4:12, Paulo depois segue para a importância da nossa conduta.

Vamos supor que após finalmente conseguir sair daquela longa fila no supermercado, você agora está seriamente atrasado. Você vai para o estacionamento com o seu carrinho de compras, descarrega-o rapidamente, e procura pelo local onde você deve deixá-lo. Infelizmente, o local de carrinhos está a vinte metros de distância. Você fará o que a maioria dos clientes fazem? Empurrar o carrinho com o pé para que ele corra até o outro lado do estacionamento. Eu sempre quis fazer isso! Porém, em vez disso, eu tomo a decisão de levar o meu carrinho até o outro lado do estacionamento e colocá-lo no lugar apropriado. Por quê? Essas ações podem parecer insignificantes e pequenas, mas você nunca sabe quem está observando e, confie em mim, estão observando! Uma boa conduta não tem a ver só com fazer certas coisas. Tem a ver com se comportar adequadamente e com ordem.

Ordem é de Deus. Paulo diz: *"Pois Deus não é Deus de desordem... Mas tudo deve ser feito com decência e ordem"* (1 Co 14:33,40). Se os carrinhos de compras não forem colocados no local apropriado, eles ficarão espalhados pelo estacionamento, as vagas ficarão bloqueadas, as pessoas irão desviar perigosamente para não bater neles, e todo tipo de caos pode acontecer.

O povo de Israel saiu do Egito como um grupo ralé de escravos. Quando deixaram o Monte Sinai, eram um exército poderoso com estandartes. Deus os configurou em volta da arca da aliança com três tribos no norte, três no sul, três no leste, e três no oeste. Eles avançaram com ordem. Satanás promove caos, anarquia, e confusão. O reino dele cresce com terror, desperdício, pobreza, e colapso. Jesus, por outro lado, veio para restaurar paz, ordem, e produtividade ao mundo. Antes de Ele alimentar os cinco mil, *"eles se assentaram em grupos de cem e de cinquenta"* (Mc. 6:40). Jesus não faria um milagre antes que houvesse ordem. De uma forma calma e relaxada, Ele alimentou cada pessoa e depois recolheu cada pedaço de pão e peixe que sobrou, o bastante para encher doze cestos enormes.

Isso é *ordem*. Essa palavra nos ensina a como ser um grande exemplo para o Senhor em cada fase da nossa vida. Com o carrinho de compras no estacionamento, eu estou seguindo a política e as diretrizes estabelecidas pelo supermercado para manter ordem e prevenir acidentes. Da mesma forma, eu sou confrontado com regulamentos, regras, e políticas em todo lugar aonde vou. São eles que mantêm a ordem na lei, nos negócios, no trânsito, nas finanças, no casamento, na educação, nos esportes, e praticamente em toda área da vida.

Alguma coisa em mim quer descartar essas políticas. Eu quero ignorá-las para mostrar a minha independência. Talvez eu esteja cansado naquele dia e pense que essas pequenas regras realmente não importam. *Eu não criei essas regras, e certamente não vou segui-las*, eu penso. Essa atitude rebelde e desafiadora, caso eu ceda a ela, irá destruir o meu exemplo. Eu iria estabelecer um exemplo de desrespeitar autoridade desde de manhã até a noite. Iria constantemente pagar multas, ter um ataque de nervos, perder empregos, privilégios, propriedades, posses e até uma família por causa da desordem na minha vida.

Quando Jesus entra na sua vida, a sua conduta muda. Você fica interessado nas políticas da comunidade. O espírito desafiante e rebelde vai embora, e você deixa de estacionar ilegalmente em vagas para deficientes como se fosse um VIP. O modo como você dirige na rodovia muda porque você deixa de cortar as pistas, piscar o farol e buzinar, fazer gestos agressivos e cara feia para as pessoas na estrada. Você percebe que ir a 130 km/h numa pista de 100 km/h pode causar um momento de "comunhão" constrangedor com o policial no acostamento da pista assim como uma carteira suspensa ou uma noite na cadeia. Você fica preocupado com o exemplo que dá para os outros e para a sua família, até nas pequenas coisas. Não tem só a ver com seguir regras. Tem a ver com respeitar a ordem que promove liberdade dentro de limites preestabelecidas.

Essa ordem na sua conduta afeta o ambiente em que você vive também. A grama do seu quintal costumava ficar tão alta que você perdeu duas crianças lá no ano passado! Agora você gosta que o seu quintal pareça limpo, aparado e apresentável. A sua garagem costumava parecer um aterro, ao ponto de você não conseguir abrir a porta com medo de uma avalanche! Agora, as suas ferramentas estão penduradas em ordem na parede, o chão está limpo, e até os parafusos e os pregos estão organizados. As quinquilharias foram retiradas dos armários, as roupas sem uso foram doadas para os necessitados, e as prateleiras e os espaços estão sendo utilizados de forma eficaz.

A ordem também afeta as suas finanças. Eu já fui em lares em que as contas estavam empilhadas sobre uma mesa sem diferenciar o que havia sido pago ou era devido, não por falta de dinheiro, mas por causa de desordem. Não é de surpreender que aquelas pessoas perdiam as datas de vencimento. Não é de surpreender que a pontuação de crédito delas caiu. Não é de surpreender que parecia não importar quanto dinheiro ganhavam, eles nunca tinham o suficiente.

Uma pessoa me disse brincando: "Eu sei que ainda tenho dinheiro na minha conta porque ainda tenho cheques no meu talão". Não é bem assim que a coisa funciona.

Quando a sua vida está em ordem, isso muda a administração do seu tempo também. A pontualidade muitas vezes é uma questão de ser capaz de localizar itens antes de sair para um compromisso. As pessoas cujas roupas não estão dobradas têm que gastar dez preciosos minutos procurando duas meias iguais. Depois, elas descobrem que a camisa não está passada. Quando finalmente ficam totalmente prontas, não conseguem lembrar onde deixaram as chaves. O caos dentro do guarda-roupa, a bagunça na cômoda, e o tanque de combustível vazio fazem com que elas se atrasem para seus compromissos.

Quando uma pessoa se atrasa constantemente, os outros se dão conta de que sua vida está fora de ordem. Ela não será chamada para nenhuma posição chave de liderança ou direção, pois alguém irá apontar que a liderança dela será caótica e difícil de predizer.

Comece com o básico. Limpe o seu ambiente. Estabeleça um lugar para tudo. Pague as contas no dia que elas chegarem (serviços bancários online facilitam isso agora). Saia com tempo suficiente para chegar aos compromissos com quinze minutos de antecedência. Planeje o seu dia na noite anterior, a sua semana no domingo anterior, o seu mês no mês anterior, e assim por diante. Recuse-se a contribuir com uma grama de confusão para a campanha de desordem de satanás.

Orgulhe-se da sua aparência. Você não tem que liderar o mundo na *moda*, mas tem que ser um exemplo para o mundo em *função*. As suas roupas podem ser arrumadas, bem combinadas e funcionais. Se você tem um carro, ele deve ser limpo e bem cuidado. Você não tem que ser obcecado com essas coisas, apenas ciente do impacto que elas têm naqueles que observam o seu exemplo de vida.

A Sua Esposa

A terceira área de ser um exemplo sobre a qual Paulo falou em 1 Timóteo 4:12 é o *seu amor*. Apesar de eu dedicar o terço final deste livro aos seus relacionamentos, eu gostaria de abordar as áreas-chaves de casamento e ser pai neste capítulo em termos do seu exemplo.

Tenha em mente que a família é o modelo de Deus do Reino de Deus. Ele estabeleceu uma ordem divina em 1 Coríntios 11:3: *"Quero, porém, que entendam que o cabeça de todo homem é Cristo, e o cabeça da mulher é o homem, e o cabeça de Cristo é Deus"*.

"Cabeça" significa autoridade. Cristo vê Deus Pai como Sua autoridade, apesar de Ele ser igual a Deus. Ele tem todo direito de elaborar Sua própria agenda, mas, ao invés, escolhe seguir voluntariamente a agenda do Pai. O homem, por sua vez, vê Cristo como sua autoridade, apesar de a Bíblia nos chamar de *"co-herdeiros com Cristo"* (Rm 8:17). O princípio é que "cabeça" não significa superior, mas um líder de iguais.

Logo, esse princípio se aplica a um marido e sua esposa. Eles são considerados iguais aos olhos de Deus, co-herdeiros da graça da vida (ver 1 Pedro 3:7, ACF). Porém, para fins de ordem, ela segue a liderança dele. No exército americano, cada soldado é considerado igual de acordo com a Constituição como um cidadão. No entanto, eles escolheram se submeter um ao outro no campo de batalha para fins de ordem. É assim que acontece no casamento.

O marido deve ser o provedor, sacerdote e protetor de sua família (mais sobre isso no capítulo 7). Ele é obrigado a amar, proteger e até dar sua vida, se necessário, por sua esposa e seus filhos. Seu amor por eles faz com que ele os coloque na frente de si mesmo, de seu ego, de seu interesse pessoal narcisista, e de seus hobbies. Ele vive por eles.

Então, o modelo do marido é Cristo. *"Maridos, ame cada um a sua mulher, assim como Cristo amou a igreja e entregou-Se por ela"* (Ef 5:25). Ele provê para ela com alegria o melhor dentro de suas condições financeiras. Ele assume a liderança espiritualmente ao guiar sua família para a casa de Deus. Ele está sempre vigilante para protegê-la de qualquer situação estranha ou perigosa com que ela possa se deparar.

Ele valoriza o conselho, a colaboração e a sabedoria dela em toda decisão, mas no fim ele toma a decisão final baseada em oração e lidera através de seu exemplo. Ela o honra e o segue. A maioria das esposas que eu conheço na verdade estão implorando que seus maridos tomem decisões!

Seja carinhoso com a sua esposa. Estabeleça rotinas com a sua esposa. Faça tudo com a sua esposa. Gênesis 2:24 declara que vocês são *"uma só carne"*. Ajam como tal. Numa época em que a maioria dos maridos estão correndo de um lado para o outro fazendo suas próprias coisas, seja o *exemplo* de um parceiro divertido, que serve e completa.

Eu observei o exemplo do meu pai com a minha mãe pelos sessenta e três anos que eles ficaram casados antes da morte dela. Eles riram, construíram uma grande igreja, hospedaram os outros, fizeram sacrifícios por nós, e envelheceram juntos. Quando a mamãe estava no início de seus oitenta anos, surgiram sintomas de Alzheimer. O principal cuidador dela foi seu parceiro e amante de sessenta anos: o meu pai. Na medida em que os sintomas pioravam, ela mal conseguia lembrar-se de alguém. Mesmo assim eu os vi sentados no sofá se beijando apenas duas semanas antes de ela ir para o Céu.

É disso que eu estou falando: um estilo de vida amoroso e fiel com a sua pessoa favorita na Terra que demonstra para toda a comunidade o que significa servir, perdoar e se doar para outra pessoa.

Os Nossos Filhos

Igual ao exemplo do seu casamento é o exemplo dos seus filhos (mais sobre isso no capítulo 8). *"A sabedoria é comprovada por todos os seus discípulos (Grego: filhos)"* (Lc 7:35). A forma como os nossos filhos se comportam, obedecem e respeitam autoridade também é um *exemplo*. Eles são um reflexo direto de você. (Pensamento assustador, não é?). No final das contas, os filhos têm livre-arbítrio. Ainda assim, as pessoas honram você pelas conquistas delas e culpam você pelas falhas delas.

Filhos PRECISAM de exemplos.

Quando era menino no ensino fundamental, eu jogava basquete. O nosso treinador tinha o hábito de fumar durante o treino. Ele ficava com um cigarro na boca enquanto falava conosco, e o cigarro balançava para cima e para baixo em sua boca em todo o tempo que ele falava. Em casa, quando os meus pais me perguntavam qualquer coisa relacionada a jogos de basquete, horários, uniformes ou treinos, eu imediatamente franzia os meus lábios como se eles estivessem segurando um cigarro!

Eu ouvi sobre um professor de seminário bíblico que era um grande orador. Quando estava sendo especialmente profundo, ele jogava seu cabelo comprido para trás, jogando-o sobre o ombro. Anos depois, seus alunos podiam ser vistos fazendo a mesma coisa enquanto falavam. Até mesmo um que ficou careca jogava a cabeça para trás quando se sentia especialmente eloquente!

Em muitos países, as crianças que são destinadas a se tornarem imperadores e realeza são cuidadosamente preparadas desde pequenas. Um treinamento intensivo é focado em seus modos, limpeza, conduta e em seu falar. Os responsáveis e os professores perceberam que esse desenvolvimento é crítico já que um dia aquela criança poderá liderar a nação inteira. Em contraste, fico impressionado com como muitas crianças são abandonadas e sem direção. Elas não estão sendo preparadas para nada.

O seu exemplo está preparando os seus filhos para o futuro deles.

Até mesmo a visão que seus filhos têm de Deus Pai é influenciada pela visão que eles têm de você. Muitos adultos têm uma visão distorcida de Deus porque seus pais foram pobres exemplos de amor e disciplina. Muitos pais não têm ideia de onde seus filhos estão ou com quem estão. O horário e rotina diários de seus lares são caóticos e aleatórios. A família deles é como esquiar - montanha a baixo e fora de controle. Eu me lembro de uma ida recente a um restaurante em que observei uma criança de dois anos de idade literalmente controlando o restaurante inteiro enquanto seus pais ficavam sentados, com os olhos arregalados e incapazes de fazer nada quanto às birras e o comportamento dela!

Não tenha medo de disciplinar os seus filhos. Prepare-os cuidadosamente para grandes empregos e responsabilidades no futuro. Olhe para eles como um reflexo direto do seu foco, do seu treino e da sua afirmação. Preste bastante atenção aos sentimentos e amigos deles. Proteja-os, supra suas necessidades, e então libere-os para levarem os seus valores para a próxima geração.

Melanie e eu temos seis filhos, cinco meninos e uma menina. Os cinco mais velhos estão casados e envolvidos em nosso ministério com seus cônjuges. O mais novo está estudando para o ministério num seminário bíblico e desenvolvendo um caráter forte e uma vida de oração. Nós tivemos altos e baixos ao longo dos anos com o caráter e o desenvolvimento deles, mas graças a Deus que todos eles estão servindo ao Senhor!

Eu ainda me lembro do dia em que o nosso governador convidou toda a nossa família para um almoço em nossa honra. Todos os seis, com idades entre seis e vinte, sentaram silenciosamente e educadamente e comeram e interagiram com a equipe dele no salão nobre. Eu pensei comigo mesmo: *a Melanie realmente fez um bom trabalho com essas crianças!* Eu sou um papai orgulhoso, mas de fato reconheço que a Melanie e eu precisávamos de ajuda. Não conseguiríamos fazer nada fora do poder e da graça de Deus. Foi Ele quem nos capacitou a ser pais abençoados.

Deus quer que *você* tenha uma família exemplar. Todos nós cometemos erros, mas Deus pode colocar a nossa família em ordem divina novamente. Deus vê a sua *integridade* e a sua *pureza* interior, mas é a comunidade que vê o seu *exemplo* exterior, demonstrado melhor por um casamento e filhos abençoados.

Integridade. Pureza. Exemplo. Esse é o seu caráter, o caminho para *influência* a longo prazo.

Se você chegou até aqui, está pronto para dar o segundo passo em se tornar um homem exemplar: consistência, o caminho para o *sucesso* a longo prazo.

Questões para Discussão

1. Pense sobre o seu círculo de influência. Quem são as pessoas na sua vida para quem Deus está chamando você para ser exemplo?

2. Controlar a sua língua e as suas emoções nunca é fácil, especialmente sob pressão. Qual é aquela situação da sua vida que você enfrenta e em que parece ser sempre mais difícil de se controlar?

3. Num mundo cheio de rebelião, seguir as regras o tempo todo é difícil. Qual é a regra que mais desafia você?

4. Ordem vem de Deus. Se o grupo fosse fazer uma inspeção no seu quintal, nos seus armários, na sua garagem, no seu carro, e no seu trabalho, o que veriam imediatamente sobre você? Qual área você irá colocar em ordem primeiro?

5. Uma família exemplar é aquela em que o marido assume a responsabilidade como líder de sua esposa e de seus filhos. Você diria que existe uma área na dinâmica da sua família que está fora de ordem?

Seção II

CONSISTÊNCIA

Homem Exemplar

CAPÍTULO QUATRO

O COMPASSO DA GRAÇA

*Livremo-nos de tudo o que nos atrapalha e do peca-
do que nos envolve, e corramos com **perseverança** a
corrida que nos é proposta.*

– HEBREUS 12:1 (grifo do autor)

DO LADO DE FORA do capitólio do estado de Louisiana há
uma estátua de bronze do governador Huey P. Long de dez metros de altura. Ela parece exatamente com ele desde os pés até
seu sorriso cínico infame e seus olhos persuasivos. A estátua
permanece fixa e imóvel ali desde que foi erguida em 1940.
Apesar de alguns arranhões e rachaduras, ela nunca mudou,
mesmo após suportar trinta e dois furacões! Ao longo dos
anos, ventos fortes a têm martelado. Temporais e granizo a têm
castigado. Pássaros a tem sujado, e crianças sobem nela! Porém, consistentemente, ano após ano, após as tempestades passarem, o velho Huey permanece ali firme e forte. Ele se tornou
um objeto fiel vigiando os jardins do capitólio.

Como um *homem exemplar*, o seu caráter deveria ser como
essa estátua: um objeto fixo que parece com você, o simboliza
perfeitamente, e permanece imutável em meio às investidas
implacáveis da nossa cultura. Quando as tempestades do
mundo atormentam por todos os lados, golpeando você, a sua

família, o seu casamento e o seu trabalho, as pessoas do seu círculo de influência assistem e observam se o seu caráter irá desmoronar. Algumas talvez até apostem no seu colapso. No entanto, depois que os ventos e as chuvas se acalmarem e elas ficarem ali inspecionando os detritos, você estará ali, de pé, firme e forte. Enquanto o tempo passa e as tempestades da vida vêm e vão e você *consistentemente* fica de pé, as pessoas do seu círculo começarão a buscar um refúgio em você.

Fixo

Imutável

Consistente

O caráter do *homem exemplar* tem passado *consistentemente* pelo teste do tempo. Ele tem resistido às tempestades e agora se tornou um lugar de refúgio para outros. Podemos contar com ele. Essa é a importância da sua *consistência* a longo prazo: as pessoas podem prever que você passará pelas tempestades, mudanças e pelos caprichos da cultura com um caráter *fixo* e *imutável*.

←——————•——————→

Uma vez que o seu caráter esteja fixo e imutável, o próximo elemento crítico do desenvolvimento de um caráter *consistente* é o entendimento de que você está participando de uma corrida.

Existe uma meta.

Existe uma linha final.

E *existem* coisas que podem impedir que você corra bem.

Como um *homem exemplar*, você tem que estar disposto a largar os pesos e os pecados da sua vida que estão dificultando o seu progresso. Você pode imaginar um atleta olímpico correndo por uma medalha de ouro usando calça jeans e botas enquanto carrega dois halteres de quarenta quilos em cada mão? Claro que não! Isso seria loucura. Para competir de forma eficaz, maratonistas se desfazem de qualquer coisa que lhes traz peso e vestem a roupa de corrida mais leve e resistente ao vento possível. Essa deve ser a sua atitude quanto à vida cristã. Qualquer coisa que esteja impedindo a sua corrida tem que ir embora!

Para correr de forma eficaz, você também tem que compreender que a corrida da qual você está participando é uma maratona, não uma corrida de cem metros. Entender essa diferença é crucial. A vida cristã é uma corrida de *perseverança*. Tem a ver com percorrer a distância e terminar forte na vida. Muitos homens começam a corrida cristã, disparando das travas de partida como se fossem correr um trajeto de trinta metros e revolucionar o mundo, mas logo ficam exaustos e desistem. Após estar no ministério por mais de trinta anos, me entristece ter visto tantos homens que começaram fortes ficarem exaustos e depois desistirem da corrida. Isso é porque não entenderam o princípio do *compasso*.

TEM TUDO A VER COM COMPASSO

O segredo de correr uma maratona e terminar forte é compasso. Quando assistimos corridas nas Olimpíadas, é incrível como um atleta inevitavelmente sai na frente e lidera todos os outros durante a maior parte da corrida. Frequentemente, o comentarista lembra a audiência: "Não se preocupem com ele. Ele está correndo em um compasso mais rápido que o recorde mundial". Então, em algum momento perto do fim da corrida, o medalhista de ouro dispara e facilmente ultrapassa o que estava em primeiro lugar, que geralmente acaba nas últimas posições por causa de seu esforço exagerado. O campeão experiente completou sua corrida com domínio próprio, discernimento e ritmo. Ele aprendeu a dominar seu *compasso*. Um *homem exemplar* tem que fazer o mesmo se quiser maximizar sua eficácia na vida e terminar forte.

Hoje em dia, muitos homens estão vivendo suas vidas controlados pela adrenalina. Eles estão operando com energia e adrenalina ao invés de propósito e compasso. A vida, o casamento e os relacionamentos deles estão implodindo devido a seu compasso exaustivo. Eles estão arriscando uma sobrecarga, uma queda de energia, agindo como breves fogos de artifícios ao invés de um torpedo estratégico de longo alcance. A adrenalina é o hormônio "enfrentar ou fugir" em seu corpo que lhe dá uma rajada de energia quase super-humana para correr de um tiroteio ou remover um objeto pesado de alguém preso debaixo dele. Ela alcança ótimos resultados, mas o problema é que não pode ser sustentada, e correr com adrenalina causa estresse excessivo. *O Periódico Escandinavo de Saúde Pública* registrou em seu estudo que o estresse na verdade tem a capacidade de aumentar o nível de colesterol em alguns indivíduos.[1]

Homens exemplares têm que aprender o *compasso da graça*.

Moisés e o Compasso da Graça

Como descrito em Êxodo 18, Moisés havia chegado a uma fase de sua vida em que seu compasso estava prestes a matá-lo. Pelo poder de Deus, ele havia lançado dez pragas sobre o Egito, liderado a fuga de cerca de dois milhões de pessoas para fora do Egito, atravessado o Mar Vermelho, matado o exército de Faraó, e derrotado os Amalequitas. Poderíamos dizer que havia tido uma boa temporada de 10 a 0!

Seu sogro, Jetro, foi até o Monte Sinai pelo deserto, levando consigo a esposa de Moisés e dois meninos.[2] Jetro ficou por ali durante alguns dias, assistindo a multidão de pessoas fazer fila em volta da tenda de Moisés, esperando para que ele desse o veredicto em suas causas. Então, Jetro falou francamente com seu genro: *"O que você está fazendo não é bom. Você e o seu povo ficarão esgotados, pois essa tarefa lhe é pesada demais"* (Êx 18:17-18).

Obrigado, Senhor, por uma pessoa capaz de confrontar Moisés com relação a sua agenda! Jetro levou menos de vinte e quatro horas para ver como o estilo de vida e o *compasso* de Moisés haviam se tornado absurdos. Às vezes, ficamos tão presos às nossas responsabilidades que não conseguimos ver o efeito a longo prazo que elas terão sobre nós e aqueles que dependem de nós.

Jetro deu a Moisés um conselho capaz de mudar sua vida, sobre como delegar àqueles que pudessem tomar pequenas decisões de "triagem" enquanto ele executaria a função de "cirurgião". Essa pequena mudança transformaria totalmente o estilo de vida de Moisés e o ajudaria a continuar durante os quarenta anos em que ele iria liderar Israel pelo deserto: *"Se você assim fizer, e se assim Deus ordenar, você será capaz de* **suportar** *as dificuldades, e todo este povo voltará para casa satisfeito"* (Êx 18:23, grifo do autor).

Você está disposto a tomar algumas decisões e fazer algumas mudanças que lhe darão sucesso a longo prazo? Eu irei listar quatro coisas nas quais você poderá focar a fim de entrar no compasso da graça.

1. O Seu Jugo

Certa vez, Jesus declarou: *"Venham a Mim, todos os que estão cansados e sobrecarregados, e Eu lhes darei descanso. Tomem sobre vocês o Meu jugo e aprendam de Mim, pois Sou manso e humilde de coração, e vocês encontrarão descanso para as suas almas. Pois o Meu jugo é suave e o Meu fardo é leve"* (Mt 11:28-30). Jesus está nos dizendo que o nosso primeiro problema em sair do compasso da graça é o nosso jugo. Nós temos assumido um fardo que Deus não planejou que carreguemos.

Quando um boi é treinado, ele é colocado na parelha de bois junto com um boi mais experiente que conhece o *compasso* para arar por um dia inteiro. É claro, o boi mais jovem fica entusiasmado e tenta sair na frente, mas não consegue tirar o boi mais velho de seu compasso. Com o tempo, ele fica para trás e sente o mesmo beliscão novamente. Em pouco tempo, ele descobre duas coisas:

1. O boi mais velho é realmente o que puxa a parelha de bois. Ele está simplesmente andando ao lado dele!
2. É cansativo, frustrante, e não vale a pena tentar puxar o boi mais velho para ir mais rápido, pois seu compasso já está estabelecido.

Isso me faz lembrar da minha caminhada com Jesus.

Primeiramente, o jugo é *Dele ("Tomem sobre vocês o Meu jugo")*. Ele é o boi mais velho; eu sou o aprendiz. Paulo disse que nós somos *"cooperadores de Deus"* (2 Co 6:1).

Anos atrás, o meu pai aprendeu este segredo quando era pastor de uma denominação. Certa vez, alguém lhe perguntou como ele havia aprendido a andar no poder do Espírito. Ele respondeu: "Antes eu trabalhava *para* Deus. Agora eu trabalho *com* Deus!"

Segundo, o jugo é o meu ego. Jesus continuou: "*Sou manso e humilde de coração, e vocês encontrarão descanso para as suas almas*" (Mt 11:29). Aí está o cerne da questão! Quando somos mansos e humildes, não lutamos para sermos destacados e aplaudidos. Muitos homens que agem pelo fluir da adrenalina têm seus olhos no sucesso de outros que possuem uma empresa maior, um ministério mais bem-sucedido, ou mais propriedades e posses.

Direção é algo bom. Sem isso, você nunca irá avançar. Porém, ser *dirigido* é uma questão totalmente diferente. Eu não acredito em preguiça ou em ficar esperando o sucesso bater à sua porta. Da mesma forma, entretanto, não acredito em me acabar para alcançar sucesso a curto prazo e não a longo prazo.

Um dos melhores amigos do meu pai no ministério era o Pastor John Osteen da Lakewood Church em Houston (o pai de Joel Osteen). Ele havia construído uma grande organização evangelística com muitos funcionários. Ele gastava todo seu tempo viajando para levantar recursos para pagar a imensa folha salarial que estava carregando.

Certo dia, enquanto orava, ele viu em sua mente uma cruz enorme no chão. Uma voz lhe disse: "*Tome a sua cruz e Me siga*". Ele se abaixou para pegar aquela cruz gigante — e ela voou sobre sua cabeça como uma pena. Era feita de isopor! Imediatamente, o versículo veio à sua mente: "*o Meu jugo é suave e o Meu fardo é leve"*. Em outras palavras, Deus não lhe havia dado aquela enorme equipe de funcionários; ele a havia dado a si mesmo! Ele reduziu a uma equipe mínima e imediatamente voltou ao compasso da graça.

Se o jugo e o fardo que Deus lhe deu é leve e suave, de onde veio essa coisa que você está carregando? Agora você está analisando as suas motivações e as suas inseguranças que estão dirigindo você.

Anos atrás, meu principal professor da faculdade estava em Israel. Ele olhou pela janela e notou um pastor andando atrás de um rebanho de ovelhas.

Ele perguntou ao guia:

— Por que o pastor está andando atrás das ovelhas ao invés de na frente delas?

O guia riu e respondeu:

— Ele não é um pastor. É um matador.

Satanás *dirige*, mas Jesus *direciona*.

Eu tenho visto pastores, homens de negócio, e muitos outros em diversas ocupações caírem de uma posição elevada de liderança. Eles são tão dirigidos que não conseguem enxergar sua família, seu casamento, nem a multidão de vítimas que eles sacrificaram em seu caminho para o topo.

O oposto disso é Jesus, que prometeu *"descanso para as suas almas"*. As emoções cansadas de homens que lutaram até a mão grudar na espada (ver 2 Samuel 23:10) os colocaram sobre a sucata do sucesso a longo prazo.

Jesus disse: *"Meu Pai continua trabalhando até hoje, e eu também estou trabalhando"* (Jo 5:17). Porém, isso não é ser dirigido, é ser direcionado.

Na faculdade, eu aprendi uma ótima definição da palavra *permanecer* em João 15: "operar em capacidade máxima num estado tranquilo de fé". Deus espera que trabalhemos duro e não tenhamos preguiça em nenhuma parte do nosso caráter. No entanto, Ele também espera que continuemos internamente tranquilos, dando as costas para as pressões e o estresse do sucesso ao permanecermos Nele.

2. Os Mais Chegados a Você

O compasso da graça tem a ver com priorizar os relacionamentos na sua vida.

Muitos líderes profissionais e de negócios altamente bem-sucedidos são ótimos em criar redes de relacionamento. Eles são capazes de se conectar com todo mundo e manter contato próximo com centenas de pessoas mensalmente. Eles tentam agradar, priorizar e apoiar todos em suas vidas. Eles não avaliam cada relacionamento em termos do compromisso de tempo que irá custar. Eles passam tempo com aqueles que demandam tempo, ao invés de com aqueles que merecem tempo.

Em contraste, Jesus dava a maior parte de Seu tempo às pessoas mais próximas a Ele. Na verdade, Ele tinha círculos concêntricos de relacionamentos, como o centro de um alvo. Em primeiro lugar estava Seu círculo mais próximo de três discípulos: Pedro, Tiago e João. Depois vinha o grupo completo de doze discípulos. Em seguida, vinham os setenta que Ele enviou para o ministério. Ele derramava a maior parte de Seu tempo e de Sua energia em preparar esses líderes poderosos que mudariam o mundo.

Se você organizar a sua vida como um alvo de dardos, quem estaria no centro do seu tiro certeiro?

Para mim, seria a minha esposa. Eu não posso imaginar viver e estar no ministério sem ela. Na verdade, eu já disse a ela: "Se você me deixar, eu vou com você!"

Como ela é o centro absoluto do meu círculo de pessoas mais chegadas, eu mantenho contato com ela de hora em hora, ou o mais próximo disso possível. Estando em casa ou no exterior, eu entro em contato com a Melanie pelo menos duas vezes por dia através de telefone, mensagem de texto, ou FaceTime. Quando estou em casa, mandamos mensagens o dia todo checando se o outro está bem.

A segunda parte do meu círculo de pessoas mais chegadas é a minha família. Eu tenho seis lindos filhos, e eu gosto de manter contato com eles diariamente, ou algo próximo disso. Eles estão espalhados pelos Estados Unidos, mas pelo menos a cada dois dias eu falo com eles por telefone ou através de mensagem de texto.

Eles são os meus principais discípulos! Eu tenho passado mais tempo com a minha família do que com quaisquer outras pessoas na Terra. Quanto mais velhos todos nós ficamos, mais próximos ficamos uns dos outros, e é uma alegria para mim vê-los exceder o meu sucesso. Na verdade, meu segundo filho agora é *meu* pastor enquanto eu estou me estendendo para fora da igreja local para alcançar pastores e homens ao redor do mundo.

O anel externo do meu alvo são os meus filhos espirituais. Ao longo dos anos, eu tenho acumulado um grande grupo de líderes espirituais que me consideram um pai e um mentor para eles. São funcionários antigos, ou pastores, ou capitães dos movimentos que eu ajudo a pastorear ao redor do mundo (Pastores Remanescentes e plantadores de igrejas SURGE). Eu tento manter contato com esse grupo importante semanalmente ou mensalmente através de uma série de conferências telefônicas, lições de discipulado, ou contato particular que faço com eles.

É claro, eu tenho outros relacionamentos também. Porém, todas essas outras esferas (conselhos, comitês, comissões, gabinetes, e outros) estão fora dos meus anéis mais próximos de relacionamento, e eu os sirvo apenas periodicamente ou anualmente. Eu tenho analisado cada grupo do qual faço parte em termos dos propósitos para os quais Deus me chamou e não da influência que me proporcionam. Eu faço parte apenas de dois conselhos, e ambos são altamente estratégicos em termos de avanço do Reino de Deus.

Agora você está começando a entender. Quem é o seu círculo de pessoas mais chegadas? Quem tem demonstrado através de sua fidelidade que merece tempo particular e de qualidade com você? Quem você pode alimentar, liderar e direcionar realisticamente? Quem tem respondido positivamente à sua contribuição e até à sua correção? Quem tem rendido fruto? Quando você ficar totalmente focado nesse círculo de pessoas mais chegadas, você irá parar de tentar *ser* o Messias e simplesmente *imitar* o Messias.

3. O Seu Dinheiro

A terceira área do compasso da graça tem a ver com a enorme pressão que o dinheiro coloca no nosso compasso. A pressão financeira nos consome, nos estressa à noite e nunca sai da nossa mente. Deus certamente não planejou que vivêssemos ansiosos e preocupados com coisas que no fim equivalem a passar como um peregrino neste mundo!

Há uma palavra que imediatamente irá tirar a pressão de você: *margens*.

Enquanto eu estou digitando esta página, o meu processador de palavras automaticamente coloca um hífen na palavra no final da linha antes que as letras passem das margens da página. Eu não gosto muito disso às vezes, porque acho que caberia mais numa linha! Entretanto, a margem me permite digitar sem olhar para a página. Similarmente, as margens da nossa vida nos ajudam a administrar as exigências crescentes sobre as nossas finanças.

Dinheiro tem a ver com margens. Você tem que estabelecer certas diretrizes para si mesmo que irão impedir que você aumente o compasso da vida e mal consiga sobreviver financeiramente.

- *Siga a regra do 10/10/80.* Eu sempre dizimo 10 por cento, guardo 10 por cento, e vivo com 80 por cento.

- *Estabeleça um orçamento de 90 por cento.* Estabeleça os seus gastos em 90 por cento da sua renda do ano anterior. Dessa forma, se a sua renda cair um pouco, você terá um amortecedor embutido para absorvê-la. Se a sua renda aumentar, você terá dinheiro para pagar as dívidas ou para guardar.

- *Viva com o que está na boca do baú.* Muitas pessoas raspam o fundo do baú toda vez que têm uma necessidade. Vivem de pagamento a pagamento, sem dinheiro em mãos para emergências ou oportunidades. No entanto, um sábio pastor me ensinou uma vez que se "enchermos o nosso baú" uma vez na vida, podemos simplesmente tirar da superfície da boca do baú quando tiver uma necessidade. Em outras palavras, você pode criar um fundo de emergência. Se tiver que usar parte desses recursos, você imediatamente irá liberar a sua fé para repor o seu "baú".

- *Viva com menos do que você ganha.* Geralmente, um estilo de vida extravagante vem de uma insegurança interior. É provar para si mesmo e para todo mundo que você chegou. Carros e roupas deixam a maioria das pessoas endividadas. Elas têm vergonha de pensar em dirigir um carro usado!

Certo homem falou brincando para o meu pai, enquanto dirigiam seu carro novo:

— Roy, você precisa ser liberto daquele demônio do carro usado.

Meu pai respondeu:

— Eu sei; você está certo. A propósito, quanto você quer por esse aqui?

Ele poderia ter comprado aquele carro, mas não sentiu que precisava.

Todos nós temos observado o estilo de vida extravagante e de desperdício de atletas e estrelas do cinema cujos milhões se tornaram em centavos. No entanto, essa não é a única forma de viver. Tendo visitado o império do Walmart em Bentonville, no Arkansas, eu posso lhe dizer que um dos maiores valores deles é "viver com menos que você ganha". Eles têm uma das maiores corporações dos Estados Unidos porque mantêm as suas raízes de valor e de moderação.

4. As Suas Oportunidades

A última área do compasso da graça tem a ver com as coisas da vida que parecem terem sido enviadas por Deus para nos ajudar, quando na verdade foram enviadas do inferno para nos distrair.

Oportunidades são repentinas, portas inesperadas que aparentemente levam a um avanço futuro. Geralmente, as pessoas ficam maravilhadas e lisonjeadas com oportunidades. E, na verdade, algumas oportunidades são claramente a mão do Senhor nos dando um emprego novo, uma casa nova, ou um novo cargo. Como pastor, entretanto, eu tenho visto muitas dessas ótimas "oportunidades" derrubar líderes, mesmo quando suas intenções foram maravilhosas.

Pense num exemplo bíblico: Josué e os gibeonitas.

Josué estava indo com tudo. Ele havia atravessado o Rio Jordão, conquistado Jericó e Ai, e com esse enorme ímpeto avançou para a conquista de Canaã. Então, do nada, veio um grupo de homens dizendo que haviam enfrentado uma longa jornada para chegar ali. Suas roupas, seus sapatos, suas bolsas de mantimento, tudo parecia estar empoeirado e mofado. Eles estavam disfarçados de estrangeiros, quando na verdade eram gibeonitas que moravam bem aí em Canaã. A história deles parecia tão legítima que os israelitas *"não consultaram o Senhor"* (Js 9:14) e fizeram um acordo de paz com eles.

Em poucas horas, a fraude deles foi exposta, mas o estrago a longo prazo na história de Israel foi consolidado. Aquela foi uma "oportunidade" que era realmente um desvio.

Satanás é mestre em nos dar portas giratórias que parecem portas abertas. As portas giratórias, se você ficar preso nelas, exigem grande esforço para ir a nenhum lugar. Um dos amigos do meu pai foi para Nova Orleans, comprou um sorvete em casquinha, e caminhou em direção à sua primeira porta giratória. Ele disse que comeu a casquinha inteira antes de conseguir sair da porta!

É fácil mergulhar em toda oportunidade: novas propriedades, mais localidades, posições em conselhos, oportunidades na mídia, entre outras. A questão é, foi Deus quem proveu essa oportunidade ou satanás a enviou para esgotar os seus recursos, o seu pessoal e a sua energia? Ela irá ajudar você a cumprir o que Deus lhe chamou para fazer, ou sugará o foco limitado que você possui atualmente?

Anos atrás, nós compramos um canal na mídia que parecia ter o potencial de abrir toda a nossa cidade para o Evangelho.

Imaginávamos milhares de pessoas se acertando com o Senhor. A oportunidade era tão impressionante que realmente nunca oramos muito sobre ela. Afinal, como uma oportunidade como aquela não resultaria num crescimento e conversões incríveis? Após cinco anos, porém, havíamos gastado centenas de milhares de dólares em despesas operacionais e *não podíamos achar nenhuma pessoa na nossa igreja que havia recebido Cristo como resultado daquele meio de comunicação!*

Momento certo é algo crítico em oportunidades. Deus pode estar lhe dizendo para fazer algo – mas não neste momento. Os irmãos de Jesus tentaram convencê-Lo a descer à Jerusalém para que Sua fama e popularidade pudessem decolar (ver João 7:3). *"Para Mim ainda não chegou o tempo certo; para vocês qualquer tempo é certo"* foi a resposta Dele (v. 6).

Um automóvel queima menos combustível e gera mais energia quando o momento certo é ajustado corretamente. Descanse no compasso da graça, confiando que o Deus que providenciou a oportunidade confirmará a oportunidade com Sua provisão financeira.

←——————●——————→

Essas quatro coisas — jugo, círculos de pessoas mais chegadas, margens e oportunidades — determinam o *compasso da graça*. Talvez seja tempo de você ir para o recuo da pista por um tempo e reexaminar o seu compasso.

Vamos dar uma olhada no quinto e mais importante elemento do compasso da graça: disciplina.

Questões para Discussão

1. Em nosso mundo estressante, você às vezes sente que o jugo que está carregando vem mais por ser dirigido do que da direção de Deus?

2. Quem você define como seus círculos de pessoas mais chegadas? Quão frequentemente você mantém contato com aqueles dentro dos círculos?

3. Administrar dinheiro eficazmente tem a ver com margens. Quais margens você estabeleceu para si mesmo que impedem que você fique completamente sem dinheiro?

4. Todo mundo recebe oportunidades. Qual processo você usa para lhe ajudar a saber os pensamentos do Senhor sobre se uma oportunidade veio Dele ou do inimigo?

Notas

1. Anna Hodgekiss, *"A stressful job really CAN kill you—by raising your cholesterol"* (Um emprego estressante realmente PODE matar você — aumentando o seu colesterol), Daily Mail, 17 de maio de 2013, http://www.dailymail.co.uk/health/article-2326132/A-stressful-job-really-CAN-kill--raising-cholesterol.html.

2. Não sabemos por que a esposa de Moisés não estava com ele, mas em qualquer caso, é importante lembrar que ele era um sucesso exteriormente mas sua família era um fracasso.

CAPÍTULO CINCO

PODER SOBRE VOCÊ

Se alguém quiser acompanhar-Me, negue-se a si mes-
*mo, tome **diariamente** a sua cruz e siga-Me.*
– LUCAS 9:23 (grifo do autor)

ATÉ AGORA TEMOS visto a importância de agir no compasso da graça no que diz respeito a desenvolver *consistência*
de caráter – andar com as motivações corretas (jugo), focar
nas pessoas certas (círculos de pessoas mais chegadas), manter
margens (dinheiro), e discernir cuidadosamente as oportunidades.

O quinto componente crítico do compasso da graça é uma
área por si mesmo: disciplina. Compasso tem tudo a ver com
disciplina. É a abordagem "tartaruga e a lebre" para a vida, fazendo as coisas certas *consistentemente* e diariamente. Alguns
podem estar indo em velocidade máxima, rindo do seu ritmo
arrastado e ordenado. Porém, vamos ver o fim da história.

Jesus disse: *"Se alguém quiser acompanhar-Me, negue-se a*
*si mesmo, tome **diariamente** a sua cruz e siga-Me"* (Lc 9:23,
grifo do autor). Em algum momento, a sua programação diária
de vida tem que passar por uma reforma radical. Você é quem
é devido à agenda *diária* que você tem mantido.

Compasso de verdade é quando a sua agenda viável e agradável a Deus é implementado com uma rotina consistente de realização. *Isso* é disciplina.

Note que eu me referi à sua agenda *viável*. Você já foi a um consultório médico e esperou em três salas de espera diferentes? Cada lugar tem revistas, então eles sabem que você ficará esperando naquela sala também, mesmo que você ache que está avançando na fila. Você sabe o por quê disso? Os médicos tentam encaixar pacientes demais em um dia, presumindo que alguns não irão aparecer.

Se você assumir responsabilidades demais, ficará estressado e frenético, bagunçando a agenda da sua vida porque será impossível sustentá-la. Certa vez, eu ri quando o governador me disse: "Você é o homem mais ocupado que eu conheço". Ele estava certo — eu me mantenho muito ocupado. Porém, não sou frenético. Há uma diferença entre o que é importante e o que é viável.

Anos atrás, Charles Hummel escreveu um pequeno livro poderoso intitulado *Tirania do Urgente*. Nele, o autor aponta como nós muitas vezes caímos na armadilha de deixar as coisas urgentes da vida dominarem sobre as coisas importantes. Quando fazemos isso, a vida se torna uma corrida frenética para apagar incêndios ao invés de um ritmo constante de harmonia. As coisas realmente importantes são deixadas a fazer, e os relacionamentos realmente importantes são traídos. Porém, você tem uma escolha. Você pode dizer não ao urgente e sim ao importante. Isso requer *disciplina*. Abaixo estão algumas disciplinas que eu tento incorporar na minha agenda para me certificar de que continuo no compasso da graça. Eu acredito que elas irão ajudar você também.

A SUA AGENDA DEVOCIONAL (DIARIAMENTE)

Jesus era uma pessoa muito ocupada, com pessoas exigindo Sua atenção todos os dias, mas Ele nunca negligenciou Seu relacionamento com o Pai. Pelo contrário, Ele o priorizava. Por exemplo, um dia: *"de madrugada, quando ainda estava escuro, Jesus levantou-Se, saiu de casa e foi para um lugar deserto, onde ficou orando"* (Mc 1:35). De alguma forma, apesar de Sua agenda exigente, Jesus conseguiu manter o compasso da graça. Seus dias começavam com oração e muitas vezes terminavam em oração. Toda Sua vida era uma jornada de um lugar de oração para outro, com atividades no meio. Porém, todos nós pensamos que somos ocupados demais para orar! Martinho Lutero certa vez disse: "Eu tenho tanta coisa para fazer que vou passar as primeiras três horas em oração". Não estou dizendo que você tem que passar três horas por dia em oração como Lutero, mas é impressionante como nós nos justificamos dizendo que somos ocupados demais para orar. Será que somos mais ocupados que o próprio Jesus? A verdade é que somos ocupados demais para *não* orar!

Sempre inicie cada dia com a Palavra de Deus e oração. A oração não *desperdiça* o seu tempo; ela *economiza* o seu tempo!

Eu ouvi uma história sobre dois rapazes que estavam cortando lenha numa competição de oito horas. Um deles nunca parava de trabalhar, mas o outro frequentemente ia sentar debaixo de uma árvore por alguns minutos. No fim do dia, para a surpresa do lenhador que não parava, o outro que havia parado seu trabalho repetidamente havia cortado mais lenha que ele. O perdedor perguntou ao vencedor como ele havia feito aquilo, e ele respondeu: "Quando eu parava, eu afiava o meu machado".

Anos atrás, aprendi que se eu parar para orar e ler a Palavra de Deus toda manhã, consigo tomar oito decisões em uma hora. No entanto, se eu não separar tempo para orar, posso demorar oito horas para tomar uma só decisão!

No meu livro *O Remanescente*, eu escrevi um capítulo inteiro sobre a vida de oração, especialmente sobre o tópico da oração do tabernáculo. Há mais de vinte anos, eu aprendi sobre o método poderoso de orar através dos vários objetos que Deus colocou no tabernáculo. É um modo maravilhoso de nos aproximar a Deus.

Existem muitos formatos bons para ajudar a guiar o seu tempo diário de oração. Algumas pessoas gostam de vaguear enquanto oram, orando *de qualquer modo* e *qualquer coisa* que venha à mente delas.

O meu problema com isso é que coisas demais vêm à minha mente, especialmente coisas que eu deveria estar fazendo naquele dia! Então, em vez disso, eu prefiro seguir uma ordem, seja orando em tópicos o Pai Nosso, orando através de uma passagem bíblica, ou começando com as bênçãos da Cruz (o altar de bronze) e terminando com o trono de Deus (a arca) no tabernáculo. O principal é estar realmente em contato com Deus, sentindo Sua presença e comunhão de forma real e vital.

É assim que você tem que começar o seu dia! Talvez não esteja ainda escuro, como quando Jesus orou, mas tem que ser cedo o bastante para que você tenha um tempo relaxado de comunhão com o Senhor antes de entrar no *furacão* do seu dia a dia.

Eu também tenho um plano sistemático de leitura da Bíblia. Em 1990, o presidente Bush decretou aquele ano o Ano da Bíblia e encorajou todos os americanos a lerem a Bíblia em um ano. Eu apresentei o *Plano Anual de Leitura Bíblica* à nossa igreja, um plano de quinze minutos por dia para completar toda a Bíblia em um ano. Milhares participaram à medida que eu ensinava aos domingos a partir das leituras do Antigo Testamento daquela semana e das leituras do Novo Testamento às quartas-feiras. (Mais tarde, eu escrevi uma devocional para acompanhar chamado *Devocional de Um Ano*). E ainda estamos fazendo isso! Quase vinte e cinco anos depois, milhares de pessoas não começam o dia sem fazer isso. Essa é uma parte simples e alcançável da sua agenda diária que irá produzir resultados incríveis na sua vida, no seu negócio e na sua família.

A SUA AGENDA DE TRABALHO (SEMANAL)

Uma segunda disciplina importante para a sua agenda é o quanto você trabalha toda semana. Tente não trabalhar mais de cinquenta horas por semana. (Isso equivale a cerca de oito horas por dia durante seis dias ou dez horas por dia durante cinco dias.) Quando eu digo "trabalho", refiro-me ao tempo longe da sua família. Isso significa que aquele treino do time de futebol do seu filho e trabalhos voluntários precisam ser incluídos nessas horas. São basicamente *as responsabilidades* que você assume fora de casa.

Eu sei que muitas pessoas trabalham de sessenta a oitenta horas semanais para conseguir "se sustentar" ou para "melhorar de vida". Se isso inclui você, então por favor saiba que em termos da sua família ou da sua saúde, *você não está realmente melhorando de vida*. Você não pode sustentar esse compasso! Reajuste o seu estilo de vida para caber na renda que você pode prover realisticamente numa agenda realística.

Eu li sobre uma senhora na China que trabalhava 128 horas por semana. Você pode fazer isso e viver metade de uma vida se quiser! Quarenta a cinquenta horas por semana deve ser o suficiente para você completar as suas tarefas e ainda ter tempo para um dia sabático de descanso e renovo total.

O princípio sabático é crítico para o sucesso a longo prazo. Se Deus tirou um dia de descanso, por que você não deveria fazer o mesmo? O sábado não é somente um dia de adoração na casa de Deus, mas também uma pausa total do trabalho para que você possa passar tempo com a sua família e aqueles que você mais ama. Eu recomendo que você separe dois dias de folga por semana, porque inevitavelmente haverá algo inesperado no trabalho, em casa ou em outras responsabilidades, e um desses dois dias irá sumir. Eu tenho lidado com homens há muito tempo, então eu sei que esse talvez seja um dos momentos de leitura mais importantes para você neste livro.

É aqui que a porca torce o rabo.

PLANEJANDO A SUA AGENDA (MENSAL)

Tente fazer um jejum ou um retiro de dois ou três dias por mês.

Durante anos, eu tenho estabelecido um foco nos primeiros três dias do mês para planejar todos os dias, preparar-me para cada dia, e depois orar pelo mês inteiro. Muitas vezes, eu jejuo alimentos sólidos e tomo apenas líquidos e sucos.

Você ficaria impressionado com como a sua mente se torna mais clara após o terceiro dia de um jejum de sucos! Decisões que você não conseguia tomar de repente se tornam óbvias. Ester fez um jejum de três dias. Esdras fez um jejum de três dias. Algo rompe na sua vida quando você foca no Senhor durante um período de três dias.

Escolha três dias bons para você no início do mês. Jejue uma refeição por dia ou, se puder, três dias completos. Você estará se disciplinando a buscar a direção do Senhor para o seu negócio, as suas finanças, os seus filhos e as suas decisões. Eu tenho feito isso por tantos anos que eu mal percebo que estou jejuando antes do terceiro dia - e é aí que as coisas realmente começam a mudar!

A propósito, eu não tenho que ser levado a jejuar. Jesus disse: *"Quando jejuarem..."* assim como disse: *"quando vocês orarem..."* (Mt 6:5,16). Ninguém nem precisa notar que você está sem fazer uma ou duas refeições. Entretanto, no seu coração, você sabe que está buscando profundamente a sabedoria e a direção de Deus na sua vida. Que disciplina maravilhosa para incluir na sua agenda!

A SUA AGENDA ANUAL

Eu gosto do sentimento de quando um odômetro volta para o zero. O dia 1º de janeiro me dá essa sensação. É tempo de mudança, tempo de renovo, tempo para um novo eu!

Durante muitos anos, eu tenho separado a primeira parte de janeiro (até vinte e um dias) para um tempo estendido do que eu faço mensalmente: a busca focada a Deus através de leitura bíblica, oração e jejum. Eu tenho inclusive feito um jejum de Daniel algumas vezes, comendo apenas frutas, vegetais e água (ver Daniel 1:12). Milhares de pessoas têm se juntado a mim nessa busca e têm tido vitórias incríveis em sua saúde, suas finanças e suas guerras espirituais.

Daniel vivenciou isso num período de oração de vinte e um dias: *"Naquela ocasião eu, Daniel, passei três semanas chorando. Não comi nada saboroso; carne e vinho nem provei; e não usei nenhuma essência aromática, até se passarem as três semanas"* (Dn 10:2-3). No fim daqueles dias, um anjo o tocou e disse que havia sido enviado do Céu no primeiro dia das três semanas de Daniel, mas que havia sido resistido pelo *"príncipe do reino da Pérsia"* (Dn 10:13) por três semanas.

Eu estava numa dessas épocas de janeiro quando passei pela mansão do governador em Baton Rouge. De repente, no meu espírito, eu vi um vento escancarar a porta da mansão. Eu disse à minha esposa: "Eu creio que Deus irá abrir uma porta para a mansão do governador para um estudo bíblico este ano". Dentro de uma semana, o escritório dele ligou para o meu dizendo que o governador estava correndo em sua esteira, viu o meu programa de noventa segundos na televisão, e queria que eu o ensinasse toda a Bíblia em quatro aulas! Eu acabei indo toda quarta-feira durante seis anos ensinar a Bíblia para ele e sua equipe.

Eu desafio você a tentar fazer isso no próximo mês de janeiro e ver se esse foco na sua agenda não faz uma diferença incrível em todos os doze meses do ano.

A AGENDA DA SUA FAMÍLIA

Num mundo cujo compasso é agitado, acredite, é preciso *disciplina* para não permitir que a sua família seja empurrada para o banco de trás da vida e fique apenas com o tempo que sobrar depois dos negócios e do lazer. Quando a minha família era jovem, eu fiz a escolha de implementar três disciplinas específicas na minha agenda. Com o tempo, eu veria essa escolha como uma das decisões mais importantes da minha vida.

1. Noite semanal em família (mais sobre isso no capítulo 8). O pai da minha esposa me ensinou como fazer isso, e eu vi os resultados que isso teve na vida da minha esposa. Toda segunda-feira à noite (já que segunda-feira era meu dia de folga), nós tínhamos uma noite em família. Nós brincávamos de luta no chão, fazíamos pipoca, brincávamos de "pique-esconde" pela casa, assistíamos a filmes, e simplesmente nos divertíamos muito por algumas horas. Ninguém e nada podia interromper esse tempo mais importante da semana para a nossa família, e os meus filhos ainda falam disso como uma das melhores memórias de sua infância.

2. Noite romântica semanal. Talvez você esteja casado por trinta e sete anos como eu, mas ainda precisa ser romântico com a sua esposa! Ela merece um pouco de tempo fora de casa com você, mesmo que você não tenha dinheiro e apenas caminhe pelo centro da cidade ou faça uma trilha. Talvez seja preciso uma babá, mas é um investimento no relacionamento e na pessoa mais importante que você tem. Você ficará impressionado com como vocês irão se reconectar semanalmente à medida que ela antecipa aquele pequeno momento separado especialmente para ela.

Não leve um amigo, não leve as crianças, e não faça ela cozinhar! Quanto mais criatividade você tiver, mais especial será para ela. Mantenha a conversa positiva, intelectual e íntima, sem devorar a comida e depois correr de volta para casa.

3. Férias anuais em família. Eu conheço homens que me dizem que são ocupados demais ou que é caro demais tirar férias. Sério? É possível substituir um tempo na floresta, na praia, num parque de diversões, num barco, ou nas montanhas?

As nossas memórias como família geralmente se concentram nas condições primitivas que encontramos quando acampamos por todo o país. Descemos riachos, deslizamos em cascatas de água, pescamos em ribanceiras, andamos a cavalo, assamos linguiça na fogueira, mergulhamos para encontrar conchas, e tivemos muitos outros momentos memoráveis juntos.

Inevitavelmente, alguma coisa acontecia um dia antes de partimos juntos para uma viagem bem planejada e levantava a dúvida de se poderíamos ir ou não. Logo no início, eu tomei uma decisão: "Tudo isso vai estar aqui quando eu voltar. Não irá cair num buraco. Mas se cair, simplesmente se prepare para começar tudo de novo depois das férias em família!"

Encontre um parque estadual e alugue uma cabana no lago por uma semana. Compre uma barraca, um fogão para acampamento e encare o desconforto. Quando você tiver mais dinheiro, vá a um parque aquático ou de diversões, ou viaje para outros estados com lindas paisagens. O seu relacionamento com os seus filhos será baseado não no *quanto* você proveu, mas no quão *bem* você proveu momentos da vida cheios de diversão, ligação e significado.

A AGENDA DA SUA SAÚDE

Agora nós chegamos à última disciplina da sua agenda que irá mantê-lo no compasso da graça: a disciplina da sua vida física (sono, exercício e alimentação). Você ficaria surpreso com como essas coisas são importantes para uma vida *consistente* de sucesso. Eu não sou nenhum especialista em educação física ou dieta, mas irei lhe dizer o que tenho feito para fortalecer essas áreas na minha própria vida.

1. *Ir para a cama e acordar em tempo apropriado.* Quanto mais cedo você for dormir, melhor será o seu sono. Muitos homens ficam acordados até tarde, horas depois de suas esposas irem para a cama. Eles ficam perambulando entre a cozinha e a sala de TV, fazendo lanches de madrugada e assistindo televisão de madrugada, muitas vezes permitindo que imagens e ideias pecaminosas entrem em suas mentes. Eles não só se distanciam mais e mais de suas esposas emocionalmente, mas sua vida sexual também sofre e a agenda diária do casal se torna diferente uma da outra. Se possível, tentem ir para a cama juntos e acordar juntos. Tomem um banho quente entre 21h30 e 22 horas e depois vão dormir, prontos para acordar cedo para orar, exercitar-se e terem comunhão juntos.

2. *Tenha uma rotina diária de exercícios.* Na maioria das manhãs, Melanie e eu começamos o nosso dia com uma caminhada de quatro quilômetros. Fica bem ao lado da nossa casa numa pequena trilha que podemos fazer caminhadas despreocupadas, sem precisar ficar olhando o relógio, o cronômetro e o medidor de distância. Se você leva os exercícios a sério, provavelmente iria rir do que eu faço. No entanto, eu não vejo

muitos outros caminhando de manhã (faça sol, frio ou chuva), então acho que estou um passo à frente!

Eu também li que você perde cerca de dois por cento da sua massa muscular todo ano após os cinquenta, então eu também tento levantar peso três vezes por semana. Eu sei que nunca serei um Arnold Schwarzenegger, mas estou interessado principalmente em alongamento e tonificação. Por um tempo (antes de comprar alguns halteres), eu frequentei uma academia perto de casa. Ao ir à academia naquelas três vezes por semana, descobri qual é o aparelho mais difícil da academia - a porta de entrada!

Muitos *falam* sobre malhar, mas não são muitos que *fazem*. É possível achar gurus de exercícios físicos em todo lugar, mas quando perguntamos o que eles estão fazendo, eles dizem: "Em breve irei começar a prosseguir para dar início ao meu começo!"

Encontre algo que você possa fazer consistentemente. Arranje um companheiro que possa malhar com você. Lembre-se de fazer algo para que você não faça nada. Não escute aqueles que dizem que você não está fazendo o suficiente. Isso me faz lembrar-me do meu pai, que costumava deitar na cama e contar os abdominais que a minha mãe fazia toda manhã. Se ela não encostasse os cotovelos nos joelhos, ele dizia: "Espera aí. Esse não valeu!"

3. *Coma mais cedo.* A minha esposa se mantém esbelta, e eu lhe perguntei sobre sua dieta. Com ela eu aprendi esse princípio: Coma como um *rei* no café da manhã (a sua maior refeição do dia), como um *príncipe* no almoço (salada e sanduíche) e como um *pobre* no jantar (algo leve e nada após as 19

horas). Eu tenho testado isso nos últimos anos e já perdi cerca de 7 quilos que ficaram para trás.

Eu contei sobre a dieta da Melanie para um dos nossos funcionários acima do peso, e ele a testou. Um tempo depois, eu lhe perguntei como a dieta estava indo e ele disse: "Ótima! Eu me alimento como um rei no café da manhã, como um príncipe no almoço e como um pobre no jantar. O único problema é que por volta das 22h30 eu ouço uma voz baixinha dentro de mim dizendo: "Vida longa ao rei!"

Nós rimos bastante sobre comida na nossa casa porque adoramos comer. Quem não adora? A Melanie cozinha refeições maravilhosas e saudáveis para a nossa família – nada frito, frango principalmente, tudo integral, bastante vegetais, saladas, sopas, cozidos, e feijão de todos os tipos. Você já pode imaginar. É possível transformar toda a sua vida ao aprender a ter disciplina para ficar longe de doces, *fast-food*, carnes com gordura, amidos e queijos pesados.

Não faça um plano drástico de perda de peso. Simplesmente discipline-se para comer em horários regulares com porções razoáveis de alimento bom. O seu peso irá diminuir pouco a pouco até que você chegue a um peso sustentável pelo resto da sua vida. O seu estilo de vida altamente intenso, apressado, e fazendo as coisas em cima da hora está adicionando cinco quilos por ano aos seus joelhos já cansados. Um rapaz me disse que tinha que comer o dia inteiro para ficar tão gordo como ele estava! Pare de assaltar a despensa e a geladeira de hora em hora, e se discipline para comer no horário das refeições.

Bam! É isso aí – transformação radical de estilo de vida. Entrando numa agenda viável e disciplinada. Na Palavra, perto de Deus, perto da sua esposa e dos seus filhos, dormindo corretamente, fazendo exercícios, e se alimentando bem. Não só durante este mês, mas durante a vida toda. Faça essas coisas por cinco anos e veja que tipo de pessoa você irá ver no espelho. Nada disso irá lhe custar mais dinheiro, apenas tempo na sua agenda e hábitos regulares e sustentáveis.

Eu tenho mais um pensamento sobre *consistência* antes de lidarmos com os seus relacionamentos. Tem a ver com a única força na vida que move você adiante em meio a tempestades, provações, decepções, perdas, adversidades, confusão e mudança:

Propósito.

QUESTÕES PARA DISCUSSÃO

1. Discuta sobre a sua vida devocional diária de leitura bíblica e oração. O que tem funcionado para você?

2. Equilibrar família e trabalho é um desafio. O trabalho sempre parece ter prioridade. Quais limites você tem para si mesmo sobre o quanto você trabalha?

3. Fale sobre noite em família e noite romântica semanais. Que mudanças você precisa fazer para garantir que os seus círculos de pessoas mais chegadas estão tendo o tempo que precisam com você?

4. Saúde é baseada em comer, dormir e se exercitar. Qual área destas três é o maior desafio para você?

CAPÍTULO SEIS
VIVENDO UMA
VIDA DE PROPÓSITO

Se tão-somente puder terminar a corrida ...
*que Deus **me** confiou...*
– ATOS 20:24 (grifo do autor)

ANOS ATRÁS EU ouvi a história de um psicólogo que estava estudando sobre produtividade. Ele contratou homens por oito dólares a hora para cortar madeira em seu quintal enquanto ele observava de dentro de casa o comportamento deles. A única exigência para receberem o pagamento era que eles tinham que cortar a madeira com a parte de trás do machado!

Um rapaz estava dando machadadas no quintal, e o psicólogo se afastou da janela por um momento para pegar algo. Quando ele voltou, ouviu uma barulheira no quintal. O homem estava dando machadadas desenfreadamente com a *ponta* do machado.

O psicólogo correu para fora e disse:

— Você está se desqualificando para receber o pagamento. Você está usando a ponta afiada do machado.

O homem respondeu:

— Eu não me importo se serei pago ou não — eu tenho que ver algumas farpas voarem!

Você já se sentiu assim no seu trabalho, na sua família, ou na sua empresa? Você se sente numa caminhada sem fim ao redor do moinho como um Sansão cego, cheio de poder e potencial, mas relegado a uma perda de propósito. Todo mundo está ocupado com atividades, mas atividade sem propósito se torna sem sentido, chata, e depressiva.

Consistência tem mesmo a ver com compasso — compasso de direção, compasso de relacionamentos, compasso de finanças, compasso de oportunidades, e compasso de disciplina. Porém, há uma última área que une todas as outras. Essa área é o *propósito*. Sem *propósito*, nada disso funciona.

Outros

Eu encontrei um propósito dominante que me leva pelos altos e baixos, pelas perdas e vitórias, pelos momentos bons e ruins — *outros*.

William Booth, o fundador do Exército da Salvação, era um homem enfermo aos oitenta e um anos. Ele não conseguia ir à conferência anual e então lhe pediram para enviar um telegrama aos milhares de participantes reunidos. Durante dias, ele pensou em uma mensagem de uma palavra que incorporaria o trabalho de toda sua vida. Quando eles abriram o telegrama na conferência, o moderador mostrava apenas uma palavra na página: "OUTROS".

A sua vida está aqui e em breve irá embora. Você já deve ter ouvido falar que a vida é um sopro. A nossa vida é o pequeno sopro entre o dia do nosso nascimento e o dia da nossa morte.

Um homem cuja vida me afetou profundamente a viver a vida como se fosse um sopro foi um dos maiores missionários da história do México, Daniel Ost. O Irmão Danny, como era conhecido nacionalmente, tinha uma enorme audiência no rádio e plantava Centros de Fé, Amor e Esperança gigantes com lugar para até cinco mil pessoas nas cidades do México.

Quando Danny foi enterrado, ele havia pedido para ser enterrado numa encosta na Cidade do México onde milhares de túmulos sem identificação eram o último lugar de descanso para os mais pobres dos pobres. Todos os dias, uma média de cinquenta corpos são depositados em túmulos sem identificação naquele cemitério.

Danny foi enterrado ali sob uma grande cruz branca, sob uma lápide enorme com o nome de sua igreja e telefone de contato gravados. Dentro da pequena área cercada ao redor de seu túmulo havia *uma prateleira cheia de folhetos evangelísticos estocados pelos membros da igreja*. A qualquer hora do dia, dava para ver uma multidão de pessoas de luto reunidas em volta do túmulo de Danny, lendo o material evangélico para aceitarem Jesus.

Eu nunca conheci outro homem cujo propósito era tão definido a ponto de fazer preparativos a fim de ganhar pessoas para Cristo após sua morte assim como durante sua vida!

O Exemplo de Propósito de Jesus

O objetivo de Cristo não era *prolongar* Sua vida, mas cumprir o *propósito* de Sua vida.

Isaías profetizou sobre Jesus dizendo: *"fiz o meu rosto como um seixo e sei que não serei envergonhado"* (Is 50:7 - RA).

E Jesus era assim. *"E aconteceu que, ao se completarem os dias em que devia Ele ser assunto ao Céu, manifestou, no semblante, a intrépida resolução de ir para Jerusalém"* (Lc 9:51 - RA).

O propósito lhe impulsiona adiante em direção à sua missão divina.

Podemos ver isso no exemplo de Cristo, que apenas dias antes de Sua terrível crucificação estava marchando como um soldado rumo a Jerusalém. Ao invés de ser tímido e medroso, arrastando Seus pés em direção ao Seu fim cruel, Ele *andou na frente*: *"Eles estavam subindo para Jerusalém, e Jesus ia à frente. Os discípulos estavam admirados, enquanto os que o seguiam estavam com medo"* (Mc 10:32).

Paulo fez o mesmo enquanto seguia rumo à sua morte em Roma. *"Prisões e sofrimentos me esperam"*, ele disse. *"Todavia, não me importo, nem considero a minha vida de valor algum para mim mesmo, se tão-somente puder terminar a corrida e completar o ministério que o Senhor Jesus me confiou"* (At 20:23-24, grifo do autor).

Como um *homem exemplar*, você tem um percurso específico, uma pista na qual correr a sua corrida.

De fato, todos os líderes da Igreja Primitiva morreram com um propósito, começando por Estêvão e terminando com João, o autor de Apocalipse. Eles viveram e morreram por outros, querendo apenas mais um dia de vida a fim de influenciar outra pessoa com o Evangelho de Jesus Cristo.

Recentemente, eu fiquei impressionado ao ler uma revista da companhia aérea Delta sobre um curso da Faculdade de Negócios de Harvard para líderes empresários.[1] Por um custo de treze mil dólares, os executivos não estudam absolutamente nada sobre negócios. Em vez disso, durante seis dias eles estudam quatro áreas: caráter, propósito, integridade e valores. Uau! Você pode economizar bastante dinheiro ao ler este livro!

O artigo descrevia uma atividade com a qual cada executivo inicia o curso de uma semana. Pede-se que cada pessoa contemple ao longo da primeira noite da semana a seguinte pergunta: "Se você estivesse no seu leito de morte conversando com a sua neta sobre o que é importante na vida, o que você diria?" Eles devem trazer a resposta para um grupo pequeno e discuti-la na manhã seguinte como base para a semana.

Você já pensou sobre as *suas* prioridades? O que você diria à sua neta que é de alta importância na vida?

Propósito tem a ver com prioridades. Tem a ver com encontrar a sua missão e permanecer focado nela.

Um sinal de internet ou de celular pode facilmente cair e nos deixar desconectados de repente. Temos que ligar novamente ou conectar o modem novamente. De modo similar, sem prioridades e propósitos, é possível ficar desconectado por dias, meses, ou até anos, desperdiçando os momentos preciosos que Deus nos deu na Terra.

Para mostrar as prioridades da vida de modo mais claro, eu quero usar uma ilustração de duas árvores:

1. *A árvore da construção de influência.* Recentemente, tenho notado que uma enorme prioridade para muitos no mundo é ganhar influência. Através de mídia social, rede de contatos, conferências, viagens, e quaisquer outros meios possíveis, o objetivo é ser notado e se tornar mais e mais reconhecido.

Eu chamo isso de *árvore de construção de influência*. Eu até ouvi recentemente sobre pessoas *comprando* seguidores no Twitter para que a conta delas pareça mais popular! Custe o que custar, não importa os meios, elas acham que tem que se expor, subir na árvore, brilhar mais que os outros para terem mais influência. O dinheiro, o negócio e o status que possuem não são um fim por si mesmos, mas meios para um fim de mais influência.

O que eu acho interessante é observar as vidas dos homens que sobem nessa árvore. Parece que quanto mais alto eles sobem em direção ao topo, menores e mais frágeis os galhos se tornam. Não é de surpreender quando homens alcancem o auge de suas carreiras e de repente sofrem uma queda e caiem de volta à realidade! O que eles demoraram toda uma vida para conquistar pode acabar em questão de dias ou até horas.

A raiz da árvore de construção de influência é a ambição. A ambição pode ser definida como *o desejo insaciável de agradar e ser celebrado pelos outros*. A palavra grega *erithea* tem a ver com um político que manipula para obter o cargo público. Descreve uma pessoa egoísta e dirigida que não irá parar por nada a fim de conquistar seus objetivos. Seus fins justificam seus meios. Seu desejo intenso é fazer com que pareça maior. Ele é ferozmente competitivo, dirigido por um senso de insegurança e ego.

A ambição emprega todas as táticas do mundo: persuasão, manipulação, engano, fofoca, traição e raiva. Batalhas políticas são solos férteis para ambição egoísta. O ambicioso vê o conflito como uma oportunidade de avançar; os outros veem o conflito como um problema que tem que ser resolvido.

2. *A árvore de agradar a Deus.* A outra árvore que você pode subir em sua vida é aquela que Jesus, Paulo, William Booth, Danny Ost e uma multidão de outros investiram suas vidas para buscar: a árvore de agradar a Deus.

Jesus disse sobre o Pai celestial: *"Ele não Me deixou sozinho, pois sempre faço o que Lhe agrada"* (Jo 8:29). Desde o primeiro dia do batismo de Jesus, Deus disse a Ele: *"Este é o Meu Filho amado, de quem Me agrado"* (Mt 3:17). No Monte da Transfiguração, Ele ouviu novamente Deus dizer: *"Este é o Meu Filho amado de quem Me agrado"* (Mt 17:5).

Em que árvore Jesus estava subindo? Sua *consistência* tranquila vinha do conhecimento de que Seu caráter, Sua pureza, Sua consistência, e Seu propósito diário estavam dando grande prazer a Deus.

Paulo subiu nessa árvore durante toda sua vida: *"Por isso temos o propósito de Lhe agradar"* (2 Co 5:9). Paulo acordava todas as manhãs, estando na prisão, ou naufragado numa ilha, ou no palácio do governador, com um desejo: agradar a Deus.

Na raiz dessa linda árvore está a raiz de servir aos outros. O coração humano tem que bater num ritmo. Quando um coração está fora do ritmo, existem diversos sintomas físicos (tonturas, falta de ar, fraqueza, e cansaço) — dos quais todos são ruins! Pacientes cardíacos podem sentir o momento em que seu coração volta de um batimento irregular para um batimento regular, assim como um carro muda de marcha.

A ambição e seu fruto de construção de influência são um "batimento cardíaco irregular". Deus criou você como um servo dos outros, não como um "subidor de árvores" dirigido e manipulador que vive para ver seu nome exaltado cada vez mais alto acima de todos os outros nomes. Quando vivemos para servir aos outros, nosso homem interior volta ao ritmo.

Jesus ensinou: *"Quando tiverem feito tudo o que lhes for ordenado, devem dizer: 'Somos servos inúteis; apenas cumprimos o nosso dever"* (Lc 17:10). Servir é o nosso estilo de vida, o nosso chamado, a nossa motivação. Nós vivemos para dar, para servir, para amar. Você pode até sentir o seu coração voltando ao batimento regular simplesmente ao pensar e meditar sobre viver o resto da sua vida com esse propósito espiritual alto e elevado.

Servir à sua família, servir aos feridos e perdidos, servir aos menores e aos últimos é um propósito que nunca irá mudar nesse mundo louco que pode mudar em uma hora. A sua riqueza pode evaporar, o seu emprego pode desaparecer, a sua influência pode desvanecer, mas você nunca para de acordar todos os dias dizendo "Senhor, o que eu posso fazer hoje para Lhe dar prazer? E quem eu devo servir hoje em Teu nome?"

AS TRÊS PARTES DO PROPÓSITO

Eu escrevi um segundo livro que gostaria de recomendar para você, *The Surge* (O Avanço). Ele fala com detalhes sobre a minha paixão pessoal por plantar igrejas ao redor do mundo. Desde 2000, o Projeto Surge tem conseguido plantar mais de vinte e dois mil igrejas em doze zonas mundiais enormes onde líderes nacionais são treinados e patrocinados para iniciar suas próprias igrejas.

Os três princípios que eu uso para o meu propósito e a minha missão pessoal irão se aplicar aos seus também:

1. O seu mandato. Um mandato é algo que você morreria para conquistar.

Eu visitei o palácio de Blenheim na Inglaterra, o lar de Winston Churchill. Ao caminhar pelos corredores e pela biblioteca daquela casa suntuosa, ouvíamos a voz de Churchill num sistema de alto-falante que tocava seus discursos mais famosos. Eu comprei as fitas e escutei todos seus discursos durante três meses no meu carro.

O que chamou a minha atenção foi o propósito de Churchill. Ele sabia que a Grã-Bretanha estava lutando pelo futuro da civilização ocidental. Veja o que você acha deste:

> Hitler sabe que ele terá que nos derrotar nesta ilha ou perder a guerra. Se pudermos enfrentá-lo, toda a Europa poderá ficar livre e a vida do mundo poderá avançar para planaltos mais amplos e iluminados. Porém, se cairmos, então o mundo todo, inclusive os Estados Unidos, inclusive tudo que conhecemos e com o qual nos importamos, irá afundar no abismo de uma nova Idade das Trevas ainda mais sinistro, e talvez mais prolongada, pelas luzes da ciência deturpada.
>
> Portanto, *preparemo-nos para as nossas tarefas*, e comportemo-nos de tal maneira que, se o Império Britânico e sua Comunidade durar mil anos, os homens ainda irão dizer: "Essa foi sua melhor hora!"[2]

É disso que eu estou falando: *mandato*. Dizem que Churchill ficava acordado até às quatro da manhã ditando cartas para seu secretário. Sua prioridade incansável e focada era para defender a nossa civilização de um louco demoníaco que estava assassinando milhões de judeus naquele momento.

Enquanto estou escrevendo este livro para homens do mundo todo, eu tenho a sensação de mandato divino e urgência acerca do nosso mundo. O meu propósito de vida não é diminuir o meu handicap no golfe (apesar de eu amar golfe), pescar um peixão, matar outro veado, afinar outro motor de carro, nem ir a mais um jogo. O meu mandato é sete milhões de pessoas no planeta Terra, das quais 5 milhões não têm Cristo.

Eu fiz um cálculo matemático rápido e descobri que aquelas cinco milhões de pessoas formariam uma fila única em volta da linha do equador do planeta, não só uma vez, mas *trinta e sete vezes!* Esse é o meu mandato. Eu acordo e vou para a cama todos os dias perguntando a mim mesmo: *O que eu fiz hoje para servir, amar e alcançar aqueles trinta e sete filas da humanidade que esperam por até uma migalha do pão da vida.*

Tome para si um mandato: servir às pessoas e agradar a Deus. Seja em qualquer forma que o seu mandato foque para você, coloque-o claramente diante dos seus olhos e agarre-o com toda a sua força, toda a sua paixão, todo o seu dinheiro, todo o seu tempo, toda a sua energia, e toda a sua influência. Coloque o seu coração de volta ao batimento regular e sinta a liberdade, a paz, a alegria, a satisfação e a benção no que Jesus disse: *"Há maior felicidade em dar do que em receber"* (At 20:35).

O ex-bispo de Baton Rouge, um amigo meu, morreu de câncer. Seu corpo foi estendido sobre uma pedra na catedral sem nenhum caixão com suas vestes e sapatos. Era o fim. As pessoas passaram o corpo dele pelos milhares para prestarem suas homenagens a alguém que viveu para servir.

A esposa de um dos meus pastores assistentes foi morta num acidente de automóvel quando estava a caminho da igreja. Quase mil e quinhentas pessoas compareceram ao funeral dela, um recorde para a nossa igreja. Após investigação, descobri que ela e seu marido haviam pegado catorze adolescentes diferentes em momentos de crises de suas vidas (um divórcio, uma derrota, um hábito) e os criaram como seus próprios filhos. Ela cozinhava para aqueles meninos todos os dias e os levava para seus respectivos colégios. Muitos se tornaram banqueiros e outros profissionais respeitados. Todos eles levaram suas famílias, seus filhos, e seus funcionários para aquele enorme funeral para uma dona de casa que viveu o mandato divino — outros.

2. *O seu método.* Para o que Deus lhe chamou particularmente em servir aos outros e agradar a Ele? Planeje o seu trabalho e trabalhe de acordo com o seu plano.

As pessoas têm desenvolvido muitos métodos de servir aos outros. Algumas alcançam crianças e adolescentes. Algumas dedicam seus dons a treinar habilidades de trabalho. Algumas lideram um grupo pequeno para casais casados. Algumas são mentoras de viciados em recuperação. Algumas estocam as prateleiras de despensas de comida. Algumas ajudam os sem-teto e maltratados. Algumas ajudam os mais velhos, trazendo-lhes alegria nos últimos dias de vida. Algumas consertam casas de viúvas e cuidam de suas necessidades. Pense nas milhões de necessidades que o nosso mundo luta para suprir todos os dias, e *certamente* existe um propósito para você.

Um dos homens da nossa igreja, Roger, veio de um passado de drogas. Após conhecer a Cristo, Roger liderou um estudo bíblico semanal na O'Brien House, uma casa de recuperação em Baton Rouge. Ele ensinava os homens, cuidava deles e os trazia para os cultos semanalmente ao mesmo tempo em que cumpria seu trabalho regular distribuindo jornais cedo pela manhã.

Agora Roger foi contratado para o nosso Projeto Lázaro como o principal mentor e treinador para os doze rapazes que estão lutando para se recuperar. Equipes de homens aconselham e discipulam esses jovens que agora estão libertos de seus vícios, livres de seus problemas com a justiça, e avançando na vida.

O seu mandato irá ditar o seu método. O amor *encontrará* um jeito.

3. O seu dinheiro. Zaqueu era um homem de negócios rico, mas era muito baixo (ver Lucas 19:1-10). Você se lembra de que ele subiu numa árvore. Que imagem de um homem que tinha tudo, pisando nos outros impiedosamente para subir na árvore da estatura, do poder e da riqueza! A única coisa errada com ele era o vazio que ele sentia quando subiu naquela árvore.

Jesus o chamou para descer e preparar-Lhe uma refeição. Após o jantar, Zaqueu se levantou e disse: *"Olha, Senhor! Estou dando a metade dos meus bens aos pobres; e se de alguém extorqui alguma coisa, devolverei quatro vezes mais"* (versículo 8).

Uau! Zaqueu mudou da árvore da construção de influência para a árvore de agradar a Deus! Ele estava salvo, e seu coração agora ansiava subir na árvore de serviço aos outros e agradar a Deus. Ele doou metade de seus bens aos pobres.

Ele não tentava mais cumprir seu propósito com bugigangas e brinquedos acumulados num armário. A alegria de sua vida se tornou suprir as necessidades dos outros e servir ao Senhor com todo seu coração.

Nesse estudo sobre propósito, eu menciono as suas finanças por último porque muitas vezes é a forma mais tangível de você poder servir aos outros. Você usa o seu dinheiro para construir influência ou para servir as pessoas. Jesus disse: *"Vocês não podem servir a Deus e ao dinheiro"* (Lc 16:13). Acumular mais e mais riqueza não é um propósito de vida, mas um canal através do qual você pode servir cada vez mais pessoas.

$$\longleftarrow\!\!-\!\!-\!\!-\!\!\bullet\!\!-\!\!-\!\!-\!\!\longrightarrow$$

Encontre o seu propósito — o seu mandato, método, e dinheiro. Viva para servir. Suba na árvore de agradar a Deus. Foque nas prioridades. Eu creio que quando você estiver no seu leito de morte, com a sua neta sentada ao seu lado, você poderá lhe dizer o que é a vida e quais prioridades valem a pena perseguir.

E nem irá lhe custar treze mil dólares.

Questões para Discussão

1. Se a sua neta estivesse sentada ao lado do seu leito de morte, quais prioridades de vida você diria que ela precisa ter?

2. A árvore da ambição e da construção de influência é a que muitos homens estão subindo hoje em dia. Discuta sobre um exemplo de alguém que você conhece que subiu até o topo dessa árvore e sofreu uma queda terrível de volta para o chão.

3. A árvore de servir e agradar a Deus é a que Jesus e Paulo passaram a vida toda subindo. Discuta sobre como Deus libertou você de construir influência e lhe mostrou o seu propósito eterno e a satisfação em agradar a Ele.

4. O seu mandato, o seu método e o seu dinheiro acompanham a sua paixão e o seu propósito. Qual você diria agora que é o seu mandato de vida e o que você está fazendo para cumpri-lo?

NOTAS

1. Eric Lucas, *"The Enlightened Leader"* (O Líder Iluminado), Sky, setembro de 2013, p. 106.

2. Winston Churchill, *"This Was Their Finest Hour"* (Esta Foi Sua Melhor Hora), [18 de junho, 1940, House of Commons, Londres, Inglaterra], em Suzanne McIntire e William E. Burns, eds., *Speeches in World History* (Discursos na História Mundial), [Nova Iorque: Infobase Publishing, 2009], 348, grifo do autor.

Seção III

CONEXÕES

Homem Exemplar

CAPÍTULO SETE

FAZENDO A MAMÃE FELIZ

*Maridos, coabitai com elas com **entendimento**.*

– 1 PEDRO 3:7 (ACF), grifo do autor.

ATÉ AGORA, neste livro, temos aprendido que *o caráter* e *a consistência de um homem exemplar* produzem impressões de longo prazo sobre aqueles ao seu redor. Não importa se o nosso círculo de influência é grande ou pequeno; se causarmos boas impressões em uma pessoa de cada vez, podemos transformar uma nação. Agora nós chegamos na terceira e última seção deste livro: *conexões*.

Conexões têm tudo a ver com relacionamentos.

Dependendo das suas escolhas na vida, existem três relacionamentos de longo prazo em que os outros irão enxergar você como um exemplo: ser um marido exemplar, um pai exemplar, e um mentor exemplar.

Os homens geralmente já têm dificuldade com relacionamentos em si, mas ainda mais quando o relacionamento é com sua esposa. Tropeçando como cães cegos num açougue, nós sabemos que há algo bom ali, só precisamos achar! Nós tateamos no escuro, vivendo com aquela pessoa que tem uma visão do mundo totalmente diferente e possui um conjunto de emoções totalmente diferente do nosso. Havia um livro best-seller anos atrás intitulado *Homens São de Marte, Mulheres São de Vênus*. É verdade! Ou pelo menos parece.

Não é surpresa que Pedro tenha dito: *"Maridos, coabitai com elas com **entendimento**, dando honra à mulher, como vaso mais fraco; como sendo vós os seus co-herdeiros da graça da vida; para que não sejam impedidas as vossas orações"* (1 Pe 3:7 (ACF), grifo do autor). Existem algumas coisas que você tem que *entender* sobre a sua esposa.

O salmista escreveu sobre um homem que entende e cuida de sua esposa: *"Sua mulher será como videira frutífera em sua casa"* (Sl 128:3). Isso literalmente significa "uma flor no centro da sua casa". Ela será tão feliz sendo casada com você que irá *florescer* bem no centro do seu lar. Apesar de você ser o líder da sua família, ela controla o ambiente. Em outras palavras: *se Mamãe não estiver feliz, ninguém ficará feliz!*

A questão é: como fazer a Mamãe feliz? Quais são as coisas que fazem uma esposa feliz e frutífera ao invés de uma esposa ferida, amarga, derrotada e triste? Muito disso tem a ver com o que você *entende* sobre ela.

Pessoalmente, eu cometi sete grandes erros ao longo dos trinta e sete anos do meu casamento com a Melanie. Tenho certeza de que você não cometeu nenhum deles, mas caso eu esteja errado, você irá entender o que está fazendo com que a *sua* esposa fique tão infeliz. Tente implementar no seu próprio casamento essas sete coisas que eu corrigi (e continuo corrigindo) no meu. Observe e veja se isso não irá transformar totalmente o seu lar.

1. Insegurança Financeira

Por alguma razão, eu não sabia o quanto a segurança financeira era importante para uma esposa. Durante anos eu não tive nenhuma poupança. Totalmente relaxado, todo mês eu vivia pela fé de que Deus iria suprir todas as nossas necessidades. Enquanto isso, a Melanie ficava constantemente nervosa e preocupada sobre a nossa segurança financeira apesar de nunca termos atrasado o pagamento de nenhuma conta. Eu não entendia que desde a queda do homem, homens e mulheres foram programados de modo diferente.

Quando Deus disse à Eva: *"Seu desejo será para o seu marido, e ele a dominará"* (Gn 3:16), Ele estava programando a mulher para sentir um desejo profundo, uma necessidade, e uma vulnerabilidade pelo homem. Se não fosse assim, por que ela iria querer ficar perto de você?

Uma mulher é atraída pela sua segurança. Eu sei que você acha que ela ficou atraída pela sua bela aparência e seu físico esculpido, mas na verdade ela teve uma sensação de segurança de que você cuidaria dela e dos filhos dela pela vida toda. Não é surpresa que algumas das mulheres mais lindas do mundo são casadas com alguns dos homens mais feios do mundo!

Quando ouve barulho à noite, ela vira e cutuca você para dizer que acabou de ouvir algo dentro de casa. É claro, você vira e lhe diz: "Vai lá dar uma olhada!" Ela agarra as cobertas até que você se arraste para fora da cama, dê uma volta na cozinha, e veja que foram os pratos que deslocaram na pia. Quando o herói do momento retorna anunciando que "a área está limpa", ela suspira de alívio, o abraça, e lhe diz que você é a segurança dela.

Isso nos diz algo sobre finanças. Geralmente, os homens não sentem insegurança sobre finanças. Eles pagam as contas da casa e não se preocupam com isso de novo durante os vinte e nove dias seguintes. A esposa, no entanto, está sempre preocupada com as finanças. Ela quer saber não apenas de onde *esse* pagamento está vindo, mas também de onde o pagamento *dos próximos três meses* está vindo. A sua resposta? "Do mesmo lugar de onde veio esse pagamento da casa. Nós o teremos quando precisarmos. Relaxa!"

O único problema é que ela não consegue relaxar. Ela imagina ser expulsa de sua casa, seus filhos serem expulsos do colégio particular, salsicha para o jantar, e roupas do Exército da Salvação.

A solução? Três meses de salário no banco. Este princípio é apoiado pelo guru financeiro Dave Ramsey como o primeiro princípio da liberdade financeira. Quando a Mamãe pode checar a conta do banco e ver o dinheiro necessário para os próximos três meses, ela fica feliz!

Você pergunta: "Como eu vou arranjar esse dinheiro?"

Você terá que bolar grandes estratégias: vender tudo e qualquer coisa que não estiver mais usando (inclusive aquele barco velho atrás da garagem). Liquide qualquer parte do seu patrimônio que não seja dinheiro e coloque-o no seu fundo de emergência.

Talvez você demore alguns meses para "encher o seu baú" (como eu disse no capítulo 4), mas uma vez que o encha, você o manterá cheio. Esse fundo de emergência significa que se o compressor do ar condicionado quebra, a família não fica mais em perigo. Você o conserta - *bam!* - e volta a focar em encher de novo o seu fundo de emergência. E Mamãe fica feliz de verdade.

É claro, você deve consertar qualquer área em que ela se sente insegura. Para começar, você precisa de seguro de vida. Você não *acha* que irá morrer um dia; você *sabe* que irá morrer! Qual segurança ela e os seus filhos terão se você de repente se for? Ela também se preocupa com doenças catastróficas. Então certifique-se de que você tem algum tipo de apólice de seguro saúde que irá cobrir a sua família em caso de alguma condição médica de perda total.

Quando ela vir que você está comprometido a prover segurança financeira a longo prazo para ela e seus filhos, ela o irá agarrar, abraçar e beijar até você pedir trégua!

Primeiro problema resolvido.

2. Solidão

A segunda questão que eu não entendia sobre uma esposa era sua necessidade de relacionamento contínuo, profundo e íntimo com seu homem. Muitas esposas se sentem solitárias!

Talvez você diga: "Eu sei que a minha esposa não se sente solitária. Eu fico em casa todo dia após o trabalho até a hora de dormir".

É mesmo? O que você realmente faz é ir direto para o sofá, pegar o controle remoto com quinhentos canais, abrir o jornal, abrir o seu laptop para navegar na internet, e colocar o seu smartphone no braço do sofá para poder monitorar a sua caixa de entrada de e-mails, mensagens de texto, e Twitter.

Ouvi dizer que todos nós precisamos falar cerca de 25.000 palavras por dia. Talvez você fique fora o dia todo e ela fique em casa com os pequenininhos (um casal raro nos dias de hoje!). Você volta, tendo usando 22.000 das suas palavras. Ela só falou 3.000 das dela, principalmente "Para com isso!", "Coma isso!" e "Vai dormir!" Ela ainda tem 22.000 palavras para usar quando você finalmente chega em casa, e você é a única pessoa em vista com quem ela pode gastá-las.

É possível estar na *companhia* dela sem ser o *companheiro* dela. Talvez os seus pensamentos devaneiam quando você chega em casa. Talvez você seja um faz-de-tudo com uma centena de projetos sendo resolvidos na sua mente ao mesmo tempo. Ela se senta tentando ter uma conversa íntima com você. A sua cabeça concorda para cima e para baixo, mas você não está escutando. Por fim, você lhe faz uma pergunta e ela diz: "Eu acabei de te dizer isso três minutos atrás". A verdade é que você não estava focado nela, escutando-a, nem tratando-a como uma pessoa especial.

Ela se casou com você por companheirismo, para ter alguém com quem ela pudesse conversar sobre coisas inteligentes, seus sonhos e suas dificuldades. Ela não quer que seu marido seja apenas alguém que resolve problemas. Homens gostam de consertar coisas. Eles gostam de resolver problemas como consertar uma torneira que não fecha direito ou construir um segundo andar. Essas são coisas legais e fazem parte do seu papel. O problema é que a sua esposa precisa mais de você, além de consertar coisas. Ela precisa do seu amor, o que envolve ser um bom ouvinte e um bom companheiro para ela. Quando ela começa a falar sobre um problema ou uma frustração, não a interrompa com uma solução de três partes! Sem companheirismo genuíno, com tempo, os sentimentos românticos no início do casamento podem se tornar frios e secos. Ela fica ressentida porque parece que ela não é nada além de uma colega de quarto ou um objeto sexual.

Eu recomendo altamente o livro *Os Sete Níveis da Intimidade* de Matthew Kelly. Este best-seller do *New York Times* diz que casais casados têm conversas em níveis diferentes. A maioria de nós passa a maior parte do nosso tempo no nível mais baixo de conversa — o tempo, o que aconteceu no trabalho, e assim por diante. Porém, existem níveis mais altos disponíveis: opiniões, sonhos, medos, e mais. Desligue a televisão, o computador e o celular. Façam longas caminhadas juntos em que você escuta tudo que ela tem a dizer, sem simplesmente interrompê-la para "consertar".

Anos atrás, um dos meus amigos e sua esposa estavam comemorando seu trigésimo aniversário de casamento com uma viagem. Na primeira manhã, eles pediram café da manhã na cama e começaram a conversar sobre toda sua vida, seus filhos, seus erros, e suas aventuras. Quando olharam para o relógio, já eram 16h30 da tarde e eles ainda estavam de pijama. A conversa íntima deles estava tão vencida que eles demoraram oito horas para colocá-la em dia.

E quanto à sua esposa? Será que ela não merece uma mudança radical da sua parte em que o seu foco nela é o mesmo de quando vocês namoravam? Ela desmaiaria se você a levasse para passar a noite fora em algum lugar e lhe dissesse que queria apenas passar tempo conversando e colocando o papo em dia? Quando a sua esposa percebe que você verdadeiramente adora passar tempo íntimo de qualidade sozinho com ela mais do que qualquer coisa no mundo, ela irá começar a se abrir como uma flor *florescendo* porque você criou um espaço seguro para ela. Daí, a Mamãe fica muito feliz.

Se você é como a maioria dos homens, essa é uma área em que você irá trabalhar pela vida toda, especialmente durante épocas em que você estiver incrivelmente ocupado. No entanto, simplesmente ter o conhecimento do profundo desejo dela de compartilhar a vida com você toda hora e todos os dias pode revigorar o relacionamento de vocês.

3. Falta de Rotina

Interrupções deixam uma esposa infeliz. Quando ela finalmente tem você só para ela, alguém inevitavelmente envia uma mensagem de texto, liga, ou bate à porta. Se você não estabelece limites sólidos com outras pessoas e não aprendeu a dizer não, ela irá começar a sentir que a sua vida é "aberta para negócios" vinte e quatro horas por dia e ela é deixada em segundo lugar.

Certa noite, eu estava na cama às 2 horas da manhã quando alguém bateu à porta da frente. Era um policial do estado dizendo que alguém estava no capitólio do estado acorrentado à porta de entrada com dinamite em volta da cintura e segurando um facão no pescoço de seu filho. Ele estava ameaçando explodir o capitólio, e estava chamando por *mim*! Eu ouvi a Melanie dizer lá da cama: "Ele não vai!"

Eu fui, e acabou sendo labaredas ao invés de dinamite.

Qual é a questão aqui? Interrupções atropelam a rotina, e a sua esposa precisa ter uma sensação de regularidade e um sistema de vida. Melanie e eu acordamos por volta das 6 horas da manhã e caminhamos quatro quilômetros juntos. Depois comemos o mesmo cereal toda manhã. Em seguida, fazemos café da mesma forma e sentamos nas nossas mesmas cadeiras e lemos as nossas Bíblias com o nosso grande cachorro da raça Rhodesian Ridgeback aos nossos pés.

É uma rotina. Horários de refeições, momentos de devocional, hora de ir para a cama, e noites em família têm que se tornar uma rotina de vida que se protege contra interrupção. Interrupções *irão* acontecer, mas você tem que recusá-las quando estiver em casa com a sua esposa. Se for necessário, crie um fosso com crocodilos ao redor da sua casa, mas *proteja a sua vida de interrupções!*

Um pastor que eu conheço recebeu uma ligação às 3:30 da manhã de uma senhora de sua igreja dizendo:

— Pastor, Deus me disse que o senhor tem uma palavra para mim agora mesmo.

Ele respondeu:

— Tenho sim. Volte para a cama!

E desligou. A Mamãe ficou feliz!

4. Problemas de Comunicação

O tipo de comunicação que eu quero abordar aqui é diferente da questão número dois (solidão). Tem a ver com a sua esposa poder conversar com você livremente sobre as frustrações e observações que tem quanto à você.

Uma mulher precisa respeitar seu marido. Paulo disse: *"A mulher trate o marido com todo o respeito"* (Ef 5:33). Comentários desrespeitosos e incisivos sobre o nosso caráter não serão bem recebidos! Nós sabemos que temos aspectos não resolvidos em nosso caráter, mas o desrespeito não nos ajuda a mudar.

Entretanto, se a sua esposa é como a maioria, ela genuinamente quer conversar com você sobre algumas coisas que ela não gosta ou não respeita sobre você. Talvez seja sobre a manutenção da casa, técnicas de direção, ou o fato de que o seu bafo poderia fazer um avião 747 decolar. Pode ser sobre uma centena de coisas que a tem chateado ao conviver com você.

Anos atrás, eu ouvi uma ilustração sobre isso que transformou o meu pensamento sobre as vezes em que o meu caráter é confrontado. Se a etiqueta de trás da sua camisa estivesse para fora e um amigo viesse e a colocasse para dentro, você o agradeceria. Ele vê algo que você não consegue ver, mas que o resto do mundo consegue. Essa é a forma como você tem que olhar para os "ajustes" gentis e respeitosos da sua esposa. Ela o conhece mais do que qualquer outra pessoa no planeta, mas ela ama você. Ela torce por você. Quando você avança, ela avança. Você tem que deixá-la ser o seu espelho na vida porque ela está tentando lhe dizer o que centenas de outras conseguem enxergar e se perguntam por que você ainda não fez nada para mudar.

O meu maior problema era minha atitude defensiva. Quando a minha esposa trazia à tona algum problema no meu caráter, eu conseguia imediatamente virar a situação para que fosse resultado do comportamento *dela* que me fez ser do jeito que eu era! Frustrada e desesperançosa, ela deixava o assunto pra lá, e eu ia embora como um bom advogado de defesa – caso encerrado.

Não seja defensivo.

Deixe a sua esposa ajustar você.

Se Pilatos tivesse dado ouvidos à sua esposa sobre o que ela disse sobre Jesus, ele não teria se suicidado mais tarde pela culpa do que fez naquele dia. Deus lhe deu a sua esposa para ser a sua ajudadora e companheira. Ela pode lhe tornar um homem muito melhor do que você é agora (ver Gênesis 2:18). Então, da próxima vez que ela lhe disser que você tem deixado a luz do banheiro acesa o dia todo e a noite toda, admita, peça desculpas, e mude.

Eu estou falando sobre mudança verdadeira e séria, um foco profundo em ajustar as questões sobre as quais ela finalmente teve coragem de conversar com você. Quando você fizer isso, ela se sentirá válida e sentirá que você a ama o bastante para fazer o que for necessário. Além do mais, isso lhe tornará um homem melhor. Sócrates disse: "Uma vida não examinada não vale a pena ser vivida!" Deixe a sua esposa ajudar.

Mais uma vez, a Mamãe fica feliz.

5. Desonra

Uns anos atrás, eu estava em Lagos, na Nigéria, fazendo uma conferência. Não havia nada para assistir na televisão do hotel a não ser a cobertura dos sessenta anos de reinado da Rainha Elizabeth. Eu por acaso liguei a televisão quando a rainha estava recebendo uma honra naval especial ao lado do Rio Tâmisa. Era uma senhorinha sentada numa cadeira às margens do rio enquanto mil navios passavam em sua mais bela elegância, com sua tripulação saudando-a ao passar por ela. Uau!

Eu já estive na torre de Londres e vi as joias da coroa. Elizabeth tinha vinte e cinco anos quando foi coroada rainha pelo arcebispo de Canterbury. Ela recebeu uma coroa coberta de diamantes e um cetro com um diamante maior do que uma bola de golfe no topo! (Acredite, aquela coisinha que você deu de presente para a sua esposa não é nada.)

Em sessenta anos, a Rainha Elizabeth não abriu uma porta em público nem teve uma carteira de motorista. Homens quebram o pescoço para abrir as portas antes dela em edifícios e ajudá-la a entrar pela porta de trás de seu carro dirigido por um chofer. Ao assistir a essa cena por alguns dias, percebi como tenho honrado pouco a minha esposa!

Eu vejo homens andando dez passos na frente de suas esposas. Eles sequer se importam com onde elas estão. Quando elas entram numa sala, eles sequer olham para elas. Quando chegam perto de uma porta, eles passam e largam a porta nelas.

Um dos meus queridos amigos, Billy Hornsby, foi policial estadual e fundador da ARC, uma organização de plantação de igrejas. Quando eu tinha vinte e três anos de idade, eu via como Billy tratava sua esposa, Charlene. Ele abria toda porta para ela. Ele andava ao lado dela como se estivesse escoltando a rainha do mundo. Ele a acompanhava até a porta do carona, a abria, e lhe ajudava a se sentar. O exemplo dele transformou a minha vida!

Billy faleceu recentemente (assim como sua linda esposa, Charlene), mas quando ele estava em seu leito de morte, eu lhe prometi que contaria ao mundo sobre como ele havia honrado sua esposa.

Então, eu quero que você, como um *homem exemplar*, caminhe ao lado da sua esposa, abrindo todas as portas para ela. Quando andarem até o estacionamento, dê a volta para o lado do carona, abra a porta, e (depois de você levantá-la do chão, onde ela desmaiou), ajude-a a sentar-se no banco do passageiro.

Trate-a como se ela fosse a rainha do mundo, tratando-as *"dando honra à mulher ...para que não sejam impedidas as vossas orações"* (1 Pe 3:7 – ACF). A forma como você está honrando (ou desonrando) a sua esposa pode estar afetando a forma como as suas orações estão sendo respondidas por Deus. Vista-a bem. Compre um carro bom e seguro para ela. Faça além do normal para dar-lhe honra e respeito... e veja a Mamãe ficar feliz *de verdade*.

6. DESCONFIANÇA

Confiança é crucial num casamento. A esposa precisa sentir transparência e honestidade de seu marido. Se ele é desonesto, manipulador e antiético, ela perde o respeito por ele. Essa é uma área em que não tive problemas, mas sinto que é algo crítico que deve ser abordado.

Volte para o capítulo 1 ("Integridade Corajosa") e revise aqueles pensamentos. Um *homem exemplar* cumpre sua palavra com sua esposa. Ele cumpre seus compromissos, até mesmo os mais simples como prometer estar em casa às 17 horas para o jantar.

Você tem que ser um homem que mantém distância de qualquer outra mulher além dela.

Uma esposa confidenciou à Melanie que se sente desconfortável o tempo todo porque seu marido flerta com toda garçonete e aeromoça. Quando uma esposa deixa de ter certeza da devoção total de seu marido, uma tristeza profunda envolve sua vida. Preste contas totalmente à sua esposa: em questões financeiras, fiscais, viagens e todas as outras áreas da vida. Não tenha segredos com ela.

Nunca minta para ela.

Passe por cima do constrangimento de contar a verdade sobre os seus erros. A Melanie sabe que eu não sou perfeito, mas sabe que pode confiar na minha palavra como sendo cem por cento verdadeira por toda a nossa vida.

7. Falta de Proteção

Tornei-me consciente deste último erro enquanto estava passando um período extenso buscando ao Senhor. Eu ouvi a voz mansa e suave de Deus tão claramente como nunca antes da minha vida. Ele me disse: *"Você não está cobrindo a sua esposa"*.

Eu sequer sabia o que isso significava. No entanto, imediatamente, uma passagem do livro de Rute veio à minha mente.

Boás, o resgatador mais próximo de Rute, estava dormindo perto do monte de grãos, e ela se deitou no chão aos pés dele. Ele acordou no meio da noite e perguntou: "Quem é você?"

Ela respondeu: *"Sou sua serva Rute... Estenda a sua capa sobre a sua serva"* (Rt 3:9).

Boás representava proteção do perigo, da necessidade e da destituição. Rute precisava de uma "capa", cobertura, alguém que se colocaria entre ela e a vida quebrantada que ela estava enfrentando sem ele.

Eu percebi o meu problema imediatamente. Uma mulher quer ter cobertura, mas eu estava deixando a Melanie se defender sozinha! Em casa, na igreja, no mercado, eu não a protegia de nada embaraçoso ou difícil na vida dela. Ao perceber isso, eu a chamei em nosso quarto e lhe pedi perdão. Seus enormes olhos azuis piscavam com lágrimas à medida que eu lhe contava o que havia descoberto.

Desde aquele dia até hoje, sempre que ela não sabe o que fazer numa situação, ela sussurra: "Estenda a sua capa". Seja com membros da igreja, vizinhos, diretores de escola, ou até mesmo com os nossos próprios filhos que a desrespeitaram, coloco-me entre ela e o problema. Se um vizinho bate à porta com uma acusação contra o nosso filho, sou eu que atendo a porta. Se alguém é ofensivo no telefone, ela me passa o telefone e eu digo com uma voz bem masculina: "Você tem algum problema ou está procurando um problema?"

Policiais dão cobertura à sua casa à noite. Eles vigiam contra intrusos enquanto patrulham a vizinhança. Policiais não controlam a sua vida. Eles não entram na sua casa e atacam a sua despensa quando querem. Eles respeitam a sua privacidade e a sua propriedade, mas estão preparados para saltar do carro a qualquer momento com armas nas mãos quando veem um estranho entrar pela sua janela.

Assim como o policial, *dê cobertura* à sua esposa; não a sufoque. Dê espaço para que ela floresça e prospere enquanto você lhe oferece cobertura.

Eu quero concluir esse ponto com uma história verídica que aconteceu com um dos nossos diretores do Projeto Surge no Rio de Janeiro, no Brasil. Certa noite, dois homens armados conseguiram entrar na casa do Philip e da Renee Murdoch no Rio. Eles exigiram que o Philip lhes desse os 50.000 dólares que ele supostamente tinha em seu quarto. Philip inflexivelmente lhes disse que não havia nenhum dinheiro em seu quarto.

Então, um dos homens decidiu ameaçar a esposa de Philip.

— Se você não pegar o dinheiro, nós iremos estuprar a sua esposa.

Philip se colocou entre a arma e sua esposa e disse:

— Se você tocar na minha esposa, um de nós irá morrer bem aqui agora mesmo.

O homem recuou e finalmente foi embora da casa deles com alguns bens e uma ameaça de voltar caso Philip contasse à polícia.

Você tinha que ouvir a Renee contando a história:

— Philip é o meu herói!

Quando estava tudo em jogo, no momento crítico, Philip deu cobertura a sua esposa.

Veja bem, isso é tudo que ela precisa saber, que você a está guardando, protegendo, e está disposto a entregar a sua vida, se necessário, para defendê-la. Uma das minhas cenas de filme favoritas é o Harrison Ford empurrando o terrorista da parte de trás do Air Force One e dizendo: "Saia do meu avião!" Na sua mente, você está dizendo para qualquer pessoa que atacaria a sua preciosa esposa: "Afaste-se da *minha esposa!*"

A Mamãe ficará feliz por um longo tempo.

←——————●——————→

Espero que esses sete erros que eu cometi no meu casamento lhe ajudem a corrigir as áreas nas quais você está com dificuldade no seu. Se você quer ser um *homem exemplar*, tudo começa em casa. Se você oferecer à sua esposa segurança financeira, companheirismo, rotina, comunicação, honra, confiança e proteção, ela irá amar você pelo resto da sua vida.

No próximo capítulo, nós iremos dar uma olhada em outro relacionamento em que a sua liderança, o seu exemplo, e a sua habilidade de permanecer conectado em relacionamentos terão implicações pela sua vida inteira: a criação dos seus filhos.

Questões para Discussão

1. Insegurança financeira é a causa de um percentual alto de divórcios. Quais passos você tem dado para garantir à sua esposa que o futuro dela está financeiramente seguro?

2. Você diria que fica distraído em casa com o trabalho, hobbies e projetos? Como isso tem afetado o companheirismo entre você e a sua esposa?

3. Quando foi a última vez que a sua esposa lhe confrontou sobre o seu caráter ou seu comportamento, e como você reagiu?

4. A sua esposa se casou com você para ser honrada e protegida. Ela sente isso de você quando vocês estão juntos em público?

CAPÍTULO OITO

CRIANDO FILHOS E FILHAS

Pais, não irritem seus filhos; antes criem-nos segundo
a instrução e o conselho do Senhor.
— EFÉSIOS 6:4

AUSENTE, ANÔNIMO, ABUSIVO.

A nossa nação está colhendo os resultados de uma geração sem pai. Filhos estão crescendo com buracos em seus corações. Meninos estão se tornando homens sem nenhum senso de identidade ou confiança. Meninas estão se entregando por pouco porque nunca foram honradas por um pai. Veja essas estatísticas sombrias:

- 75 por cento de todos os pacientes adolescentes em centros de reabilitação de dependentes químicos vêm de um lar sem pai — 10 vezes a média.

- 71 por cento dos jovens que largam o Ensino Médio vêm de um lar sem pai — 9 vezes a média.

- 80 por cento de estupradores com problemas de raiva vêm de um lar sem pai — 14 vezes a média (*Criminal Justice and Behavior*, vol. 14, 403-26)

- 85 por cento de todas as crianças que apresentam distúrbios de comportamento vêm de um lar sem pai – 20 vezes a média (Centros de Controle de Doenças).

- 90 por cento de todos os moradores de rua e crianças fugitivas vêm de um lar sem pai — 32 vezes a média.

- 70 por cento dos adolescentes em instituições do estado vêm de um lar sem pai — 9 vezes a média (Departamento de Justiça Americano).

- 85 por cento de todos os adolescentes na prisão vêm de um lar sem pai — 20 vezes a média (Fulton County, Geórgia; Departamento de Correções do Texas)

- 71 por cento das adolescentes grávidas não tem pai (Departamento de Saúde e Serviços Humanos dos Estados Unidos).[1]

Já cansou? Eu poderia continuar, mas acho que você já entendeu. O pai presente molda uma nação, positivamente ou negativamente. Você não acha que já tivemos o suficiente do negativo? É tempo de os pais se tornarem *homens exemplares* e assumirem suas responsabilidades! Nós podemos fazer uma reviravolta dessa situação e remodelar a próxima geração, e as gerações seguintes.

Como eu disse, tenho seis filhos (cinco filhos e uma filha), que servem a Deus e estão todos envolvidos no ministério. As esposas dos meus filhos são mulheres puras e de Deus que servem a Cristo e suas famílias com todo o coração. Nossos netos estão crescendo em lares estáveis, disciplinados, amorosos e alegres.

Tem algo melhor que isso? Não é surpresa que o salmista tenha dito:

Os filhos são herança do Senhor, uma recompensa que ele dá.

Como flechas nas mãos do guerreiro são os filhos nascidos na juventude.

Como é feliz o homem que tem a sua aljava cheia deles!

Salmo 127:3-5

Todos nós cometemos erros com os nossos filhos. Eu já cometi alguns enormes. Nenhum dos nossos filhos teve uma vida perfeita. Eu atribuo os grandes erros que os meus filhos cometeram a um vazio na minha presença como pai. Você pode até mesmo ser um ótimo pai e ter filhos que se afastam do Senhor (veja o filho pródigo). No entanto, eu prometo a você que, se você fizer as *três* coisas listadas neste capítulo, a sua família será transformada. Talvez demore meses ou anos, mas erros podem se tornar milagres!

Vamos dar uma olhada em três grandes áreas que contêm muitas técnicas que demonstram a diferença que um pai presente faz na criação de filhos e filhas bem sucedidos.

1. ATENÇÃO

Um menino continuava tentando conseguir a atenção de seu pai enquanto o Papai estava escondido atrás de seu jornal. Por fim, ele trouxe uma moeda de cinco centavos ao seu pai.

O pai disse:

— O que é isso?

O menino respondeu:

— Isso é o suficiente para comprar uma hora do seu tempo?

Passe pelo menos quinze minutos por dia numa conversa sem interrupções com cada filho. Pronto, falei.

Talvez você diga: "Eu não tenho quinze minutos por dia.

Então talvez você não deveria ter tido filhos.

Os filhos não conseguem esconder seus sentimentos, desapontamentos, nem suas feridas do dia por quinze minutos. Quando você pergunta: "Como foi o seu dia?" e uma criança diz: "Bom" (mas você sente que não foi realmente bom), em cerca de dez minutos de sondagem, as lágrimas começam a cair.

Você não pode passar pelos seus filhos negligentemente dentro de casa como um barco passando pelo horizonte. Eles estão se afundando cada vez mais em si mesmos, em seus problemas, em sua raiva, em sua vergonha. Demora um tempo para liberar esses sentimentos, e é você que deve dar esse tempo.

Para mim, com seis filhos, era uma hora e meia por dia. Eu atingia a minha meta na maioria dos dias, às vezes terminando tarde da noite sentado à beira da cama deles. Mesmo hoje, estando eles crescidos, eu tenho a sensação de querer estar com cada um deles igualmente todos os dias.

Siga práticas que mostrem aos seus filhos que você está interessado em tudo que os afeta.

Envolva-se no que eles estão envolvidos. A única forma de prestar atenção é participando das coisas nas quais eles estão interessados. Eu falhei nisso com um dos meus filhos. Ele me implorava para fazer um esporte específico com ele, mas eu não tinha nenhum interesse nesse esporte. Sem o meu conhecimento, ele fez amizade com algumas más companhias enquanto praticava o esporte, e o Papai não estava por perto.

Eu quase o perdi por causa daquele erro.

Eu odeio paintball. Acertaram uma bola de tinta na minha orelha uma vez (eu acho que ainda está zunindo). Entretanto, um dos meus filhos amava paintball por um período quando era jovem. Graças a Deus que depois ele enjoou disso! Mas até então eu havia aprendido muito bem a lição.

Para o seu filho, atenção é estarem juntos quando ele estiver fazendo sua atividade favorita e ver que o Papai está bem ali ao lado deles.

Monitore todos os relacionamentos. No mundo de hoje, relacionamentos podem florescer da noite para o dia. Um "relacionamento" por mensagem de texto pode existir entre o seu filho e alguém sem você sequer ter conhecido ou até visto a pessoa alguma vez. Um dos meus filhos "se apaixonou" (aos catorze anos) como resultado de um relacionamento via mensagem de texto. Eu descobri o telefone dele e vi as palavras *amor* e *baby*. Eu conversei com ele, e foi o fim daquilo.

Talvez você ache que, já que seu filho está numa escola cristã, todos os relacionamentos deles são cristãos. Errado! Talvez você pode achar que toda criança da sua rua é inofensiva e pura. Errado! Nós sempre preferimos que as crianças viessem para a nossa casa ao invés de deixar os nossos filhos passarem horas do dia na casa dos outros. Já que a maioria dos abusos sexuais acontece em situações à noite fora de casa em que um amigo ou um primo está presente, nós nunca deixamos os nossos filhos passarem a noite em outro lugar. "Vocês têm o dia todo para brincar até ficarem cansados", nós dizíamos. "Vão para sua casa e durmam; e comecem tudo de novo amanhã de manhã".

Eu acredito que devemos desde cedo incutir em nossos filhos o entendimento de que nos os ajudaremos a encontrar seu cônjuge. Quem além dos pais os conhecem melhor e podem discernir o tipo de personalidade com a qual poderão coexistir pela vida toda? Quando os nossos filhos eram pequenos, eu lhes dizia: "Quando vocês crescerem, irão se apaixonar". Eles riam muito disso, mas eu continuava: "Papai e Mamãe irão ajudar vocês a encontrar a pessoa perfeita com quem se casar". Eles balançavam a cabeça em afirmação e arregalavam os olhos.

E quer saber de uma coisa? Funcionou. Nós ajudamos cada um dos nossos filhos e a nossa filha a analisar o estilo de personalidade, o caráter, o histórico familiar, e a compatibilidade de seus pretendentes. Algumas vezes tivemos que dizer "Não é uma boa ideia".

Eu sou parecido com o chimpanzé do filme da Disney, *A Condessa Executiva*. O chimpanzé conseguia assistir TV e responder a um programa batendo palmas ou balançando a cabeça para frente e para trás e de um lado para o outro. A reação dele podia prever os índices de audiência nacionais perfeitamente. Eu era assim. Quando um relacionamento alcançava o estágio de se tornar sério, os nossos filhos nos perguntavam o que pensávamos, e eu batia palmas ou balançava a cabeça!

Nós salvamos cada um deles de alguns relacionamentos obviamente errados pelos quais estavam cegos por causa de suas emoções. Cada um deles se casou com um cônjuge que se encaixa a sua personalidade e é compatível com seu chamado.

Tenha uma noite em família. Eu falei sobre isso durante o capítulo sobre disciplina. Eu considero a noite em família talvez a coisa mais importante que você pode fazer ao criar seus filhos.

É o que diz à criança "Você é importante. Eu não coloco ninguém acima de você. A sua posição na minha vida está acima do meu trabalho, dos meus amigos, e dos meus hobbies. Eu posso ter que corrigir você várias vezes durante a semana, mas hoje é uma noite de apenas bastante diversão".

Eu permitia que cada filho tivesse uma noite em que ele ou ela pudesse dirigir algumas das atividades (baseada na sua atividade favorita). Às vezes nós assistíamos filmes juntos, e fazíamos pipoca ou pizza. Às vezes brincávamos de charadas. Nós sempre brincávamos de luta e cócegas no chão. Eu era o "médico" que fazia cócegas neles ao operar cada um deles "serrando" as costas ou uma perna deles. A atividade favorita deles era quando eu tocava uma música feliz no piano enquanto eles deitavam com as costas no chão e faziam uma bicicleta imaginária (a bicicleta mais rápida ganhava). Nós brincávamos de pique-esconde pela casa e eu me escondia deles sendo o "lobo". Nós dávamos cambalhotas com todos os móveis afastados para que eu pudesse jogar eles por cima da minha cabeça enquanto eu deitava no chão.

Você entendeu? *Diversão.* Imagina como eu me sinto agora quando vejo um dos meus filhos pegar o piano, tocar a mesma música agitada, e suas filhinhas no chão fazendo a bicicleta imaginária! Não é de surpreender que as memórias de infância sempre têm a ver com a noite em família.

2. Carinho

Quando Jesus saiu das águas do batismo, Deus disse palavras de afirmação a Ele. *"Tu és o Meu Filho amado; de Ti Me agrado"* (Mc 1:11). Primeiramente, Ele deu a Jesus *identidade*: *"Tu és o Meu Filho"*. Jesus sabia que pertencia ao Pai. Segundo, o Pai deu a Jesus *validez*: *"amado"*. Ele validou Cristo publicamente, declarando a todos que Ele O amava. Por fim, Ele Lhe deu *afirmação*: *"de Ti Me agrado"*. Ele disse pessoalmente a Jesus o quanto estava orgulhoso Dele.

Você consegue ver isso como os ingredientes que faltam nos homens de hoje? Nação após nação, aonde quer que eu vá, as pessoas se quebrantam e choram quando percebem o quanto sentem falta de um pai presente.

Filhos *"brotos de oliveira"* têm raízes profundas em aceitação e afirmação (ver Salmos 128:3). Eles encaram a vida com confiança e segurança, ouvindo pela vida toda aquela voz interior de identidade, valor e afirmação que receberam de seu pai. Aqueles que nunca ouvem essas palavras passam suas vidas tentando provar a si mesmo promover-se e imitar os outros. Eles temem cada desafio novo, com expectativa de fracassar. Porém, Jesus encarou Seu ministério aos trinta anos com uma afirmação estrondosa do Céu que soou em Sua alma até que disse *"Está consumado"* lá na Cruz. E os seus filhos podem ter a mesma confiança.

O carinho, é claro, deve ser físico. Toque, abraços e beijos devem fazer parte íntegra da cultura do seu lar. Uma cultura distante, fria, baseada somente em desempenho não permite que a afirmação verdadeira e o amor de Deus penetrem nela. O pai do filho pródigo certamente foi carinhoso com ele: "*Correu para seu filho, e o abraçou e beijou*" (Lc 15:20).

Talvez você não seja o tipo de homem que beija e abraça facilmente. No entanto, você pode pelo menos dizer "eu te amo" e "estou orgulhoso de você" repetidamente ao longo da vida dos seus filhos. Eu conheço um líder famoso cujos três filhos têm tido dificuldades com suas identidades. No túmulo dele, um dos filhos, tremendo de emoção e tentando evitar as lágrimas, disse a um espectador: "ele nunca nos disse que nos amava ou que se agradava de nós".

Mart Green, da Corporação Hobby Lobby, me contou sobre uma oradora que fez o discurso de cinco minutos mais emocionante da história de sua universidade. (A universidade continuou usando-o em todo lugar ao fazer recrutamento.) Mart estava lá e também ficou muito impressionado com o discurso dela. Mais tarde, Mart foi cumprimentar aquela jovem e a elogiou.

Ela respondeu: "Eu tenho um vazio no meu coração."

Com um pouco de encorajamento, ela contou a história de como ela, seus irmãos e sua mãe solteira viveram em pobreza depois que seus pais se divorciaram. Quando ela tinha dezesseis anos, seu pai lhe disse: "Nunca mais quero ter contato com você". Ela escreveu fielmente cartas para ele durante anos enquanto estava na faculdade e nunca recebeu uma resposta. Finalmente, ela recebeu um envelope contendo todas as cartas que havia escrito para ele (estavam abertas) e um bilhete que dizia: "Eu lhe disse que não queria nunca mais ouvir de você". Ele não estava presente no dia do discurso triunfal dela.

Não é de surpreender que estamos lidando com tanta raiva, frustração e medo na nova geração. Tudo que eles precisam é de um pouco de afirmação.

Esteja presente em toda ocasião especial. Eu jogava basquete no ensino médio. (Eu tinha 1,90m e pesava 61 quilos. Se eu ficasse de lado e colocasse a língua para fora, parecia um zíper.) Eu jogava normalmente até ver a porta do ginásio abrir e um homem baixinho entrar e se dirigir ao topo das arquibancadas. De repente, eu começava a jogar como se fosse de outro mundo! Bloqueava os lançamentos, fazia jogadas, e fazia arremessos de 3 pontos. Qual era a diferença? Aquele homem baixinho na fileira de cima era o *meu pai.*

Quando as crianças têm um jogo, uma premiação ou qualquer tipo de apresentação, elas ficam procurando por *você.* Eu sei que você é ocupado, mas será que você poderá algum dia, quando eles estiverem crescidos e fora de casa, substituir o fato de não ter estado presente? O que era tão importante na sua vida que não poderia esperar? Eu me alegro ao ver jogadores profissionais de golfe que perdem torneios inteiros porque um de seus filhos tinha uma ocasião especial em algum lugar.

Eu me lembro do grande dia de um dos meus filhos. Ele havia tido um tempo difícil na faculdade, havia se juntando com o grupo errado, e havia trancado a matrícula após ter sido um excelente aluno em certo ponto. Quando voltou para o Senhor, ele tenebrosamente se matriculou numa faculdade em outro estado e me perguntou:

— Pai, você acha que eu sou capaz de fazer faculdade de novo?

Eu disse:

— Sim, você é capaz. Você irá se sair muito bem.

E ele foi muito bem. Eu mal posso me lembrar de alguma prova em que ele tenha tirando menos de 98 em dois anos e meio.

A nossa família estava indo para a formatura dele dentro de algumas semanas, uma despesa enorme com voos e hotel. Então eu fiquei sabendo que ele estaria sendo honrado numa capela como Aluno do Ano. Eu rapidamente reservei outro voo sem dizer nada a ele e apareci no fundo do auditório da universidade no dia da premiação.

O reitor da faculdade de negócios fez vários elogios e terminou com as seguintes palavras: "Em quinze anos como reitor desta faculdade, eu nunca tive um aluno melhor do que este". Ele continuou a falar sobre as conquistas e a atitude do meu filho; depois colocou uma medalha enorme no pescoço dele.

Eu corri para as portas laterais por onde o meu filho estava saindo quando a cerimônia terminou. No corredor, eu o encontrei quando ele estava abrindo as portas para ir embora. Chamei o nome dele e ele virou rapidamente. Eu posso lhe dizer que lágrimas *saltaram* dos olhos dele!

Ele disse:

— Pai, eu estava querendo tanto que você estivesse aqui para ouvir aquelas coisas que estavam falando sobre mim.

Eu disse:

— Eu ouvi cada palavra, filho — e nós nos abraçamos em lágrimas, celebrando a enorme vitória na vida dele.

É isso aí. Lembre-se, papai, ninguém pode afirmar o seu filho como você.

Disciplina. Um dos melhores livros que eu já li se chama *Boundaries with Kids* (Limites para as Crianças) escrito por

Henry Cloud e John Townsend. Eu recomendo altamente que você leia esse livro para lhe ajudar a disciplinar os seus filhos. Ele descreve dois princípios que você precisa saber para permanecer no controle da disciplina e da educação dos seus filhos: *limites e consequências.*

Eles descrevem como Deus, o pai perfeito, usou a árvore do conhecimento do bem e do mal na Bíblia como Seu "limite". Ele disse a Adão e Eva que eles eram livres para comer de toda árvore do jardim, exceto aquela. Ele basicamente desenhou uma linha ao redor dela como limite. Depois Ele claramente descreveu as consequências de comer o fruto: *"No dia em que dela comer, certamente você morrerá"* (Gen 2:17).

Por que os pais estão tão perdidos ao controlar seus filhos? Eles usam raiva, chamando-os por seus nomes completos, discursos, e até vocabulário e ações ofensivos à medida que tentam tomar conta do Joãozinho que está jogando ervilhas na mesa. Eu sempre fico surpreso como uma criança de treze quilos e dois anos de idade consegue ter poder total sobre um homem de cem quilos!

O que Deus fez? No momento em que o primeiro casal ultrapassou o limite em desobediência, Ele chamou o nome de Adão. Ele lembrou a Adão e Eva de Seu mandamento e da má escolha deles. Depois, quando se arrependeram, Deus os vestiu com pele de animais como um sinal de expiação do pecado deles. Entretanto, você irá notar a coisa mais importante que Deus fez: *Ele cumpriu com Suas consequências e os removeu do jardim.*

A simples aplicação disso é que a fim de disciplinar os seus filhos, você deve começar com uma sessão clara em que você lhes mostre os limites sobre fazer tarefas, escolher amigos, ir a lugares, e diversos comportamentos que você como pai quer que eles cumpram. Depois, você descreve claramente as consequências: perda de privilégios (mídia, saídas, eventos), perda de bens (chave do carro, skates, celulares), ou até mesmo palmadas e diversos outros recursos disponíveis para você como o pai no controle. A partir daí você deixa que eles façam suas escolhas.

Boas escolhas significam boas consequências. Escolhas ruins significam consequências ruins. No momento em que eles fazem uma escolha ruim, você aplica as consequências, apesar do choro, da raiva, do protesto, da manipulação, e de pararem de respirar, ou de qualquer outro método de escapar da dor.

O autor de Hebreus escreveu: *"Nenhuma disciplina parece ser motivo de alegria no momento, mas sim de tristeza. Mais tarde, porém, produz fruto de justiça e paz para aqueles que por ela foram exercitados"* (Hb 12:11). Este versículo nos ensina que a dor transforma caráter.

Cloud e Townsend nos lembram de que é simplesmente a lei de Deus de plantar e colher. Sempre que eu, como pai, interfiro nesse princípio para que o meu filho ou filha nunca colha a consequência de seu comportamento (porque eu nunca quero que a criança sinta nenhuma dor), eu impossibilito a forma como Deus transforma o caráter de uma pessoa!

Nunca se coloque entre um ato de desobediência e a sua consequência. Se o seu filho experimentar as consequências do comportamento dele na escola, na estrada, ou ao violar alguma lei, deixe as consequências acontecerem. Não pague a fiança dele até ver os frutos de arrependimento: "Eu mereço isso. Eu irei mudar". Se você remover ele dessa parte da dor prematuramente, talvez você nunca tenha outra oportunidade de mudar o caráter de seu filho.

Lembre-se de que filhos são mais ensináveis entre as idades de 0 a 5 anos. Você tem que vencer a vontade própria deles durante essas idades. O concreto ainda está molhado durante esses 250 finais de semanas mais importantes. Concentre-se cuidadosamente em cada traço de caráter pecaminoso, rebelde e teimoso que apareça: mentira, raiva, comportamento destrutivo, ciúme, desordem, roubo, ou o que quer que seja.

Estabeleça bons hábitos na vida dos seus filhos desde quando forem pequenos.

- Ordem — o quarto, as roupas, e o banheiro deles.
- Devoção a Deus — tempo diário de leitura bíblica, primeiro com você e depois sozinhos; ir à igreja com você.
- Trabalho — fazer tarefas simples todos os dias e revezar na cozinha, dobrar roupas, e trabalhar no quintal.
- Pontualidade — acordar e ir para a cama na hora certa (quando *você* disser), aprontar-se para a escola e para refeições.
- Respeito — honrar professores, policiais, pastores, os mais velhos e qualquer pessoa em posição de autoridade na vida deles.
- Administração de tempo — tempo limitado de vídeo games, televisão, mídia social, e qualquer atividade que os consome num mundo em que eles perdem noção do tempo.

- Administração de finanças — dar o dízimo da mesada e da renda deles; aprender a economizar; cuidar bem de posses para que não precisem ser substituídas.
- Bons modos — à mesa e ao falar com os adultos; vestir-se apropriadamente para eventos.

Frequentemente, saímos em família para comer em restaurantes. Quase sempre, alguém se aproximava de mim quando estávamos indo embora e dizia: "Como você fez isso? Como os seus filhos sentaram à mesa e comeram como pessoas normais?"

Eu lhe contei sobre a minha sobrancelha.

Eu consigo levantar a minha sobrancelha esquerda e não mexer a outra. Isso transforma o meu rosto calmo num rosto amedrontador! Quando um dos meus filhos decidia jogar ervilhas do outro lado da mesa, eu chamava o nome dele. Quando ele olhava para mim, eu levantava a sobrancelha. Nesse único olhar havia as seguintes palavras: "Se você não parar a sua operação e desistir da sua manobra, quando chegarmos em casa o chinelo vai cantar".

O segredo está na sobrancelha.

←——————●——————→

De hoje em diante, comece a ver os seus filhos de forma diferente. Veja neles um futuro professor, presidente, administrador de todos os recursos que você acumulou durante a vida. Treine-os como os melhores administradores possíveis e, por fim, como seus substitutos neste mundo. Esse é o seu legado, e é o capítulo final de uma vida que começa com integridade.

Questões para Discussão

1. Você teve alguma surpresa ultimamente sobre a conduta ou os relacionamentos de um dos seus filhos? O que fez você tirar os olhos da bola?

2. Você tem derramado palavras de afirmação sobre os seus filhos, provando-as ao estar presente em ocasiões especiais? A forma como o seu pai lhe tratou está de alguma forma lhe impedindo de ser capaz de tratar os seus filhos com carinho?

3. Os seus filhos realmente conhecem seus limites em casa, na cidade, com outras crianças, e na escola?

4. Você faz um bom trabalho em reforçar as consequências quando os seus filhos ultrapassam os limites?

NOTAS

1. A Geração Sem Pai Presente: Estatísticas, http://thefatherlessgeneration.wordpress.com/statistics/.

CAPÍTULO NOVE
LEGADO... A SUA MAIOR MISSÃO

Ouvimos e aprendemos, o que nossos pais nos conta-
ram. Não os esconderemos dos nossos filhos; contare-
mos à próxima geração os louváveis feitos do Senhor,
o Seu poder e as maravilhas que fez.
– SALMOS 78:3-4

PARABÉNS! VOCÊ AGUENTOU firme e chegou ao capítulo final desta jornada. Ao longo do caminho, Deus mudou o seu *caráter*, desafiou a sua *consistência*, e *restaurou* os seus relacionamentos. Agora resta apenas uma coisa: o seu legado.

Um legado é algo passado para a próxima geração. Tem a ver com discipulado, modelar intencionalmente outra pessoa para carregar os seus valores e a sua visão depois que você não estiver mais presente.

Elias é o exemplo perfeito de um mentor. Ele alcançou um estágio em sua vida em que chamar fogo do céu, matar falsos profetas, e se esconder de Acabe não eram mais sua paixão. Ele fugiu de Jezabel, buscando significado e um novo propósito. Na caverna no Sinai, ele viu o vento, o terremoto e o fogo (ver 1 Reis 19:11-13). De repente, o Senhor falou com ele no *"murmúrio de uma brisa suave"*, dando-lhe instruções: *"Unja*

Eliseu, filho de Safate, de Abel-Meolá, para suceder a você como profeta" (v. 16).

Suceder? Elias deve ter pensado. *Será que o Reino de Deus pode continuar sem mim?*

Nós, também, podemos pensar: *É possível que eu seja um elo numa corrente do Reino de Deus, útil durante a minha vida, mas especialmente útil a Deus em como transfiro os meus dons para a próxima geração? Por que eu não posso simplesmente continuar fazendo as minhas coisas até o meu último suspiro, e depois expirar e deixar Deus levantar outra pessoa?*

O Reino de Deus é como uma corrente ou uma corrida de revezamento. A ligação entre as gerações e os corredores é a forma como você recebeu o Evangelho primeiramente. Mentorear e discipular outros é o *bastão*, e passá-lo deve ser classificado como a maior missão da sua vida.

Paulo disse para os romanos: *"Anseio vê-los, a fim de compartilhar com vocês algum dom espiritual, para fortalecê-los, isto é, para que eu e vocês sejamos mutuamente encorajados pela fé"* (Rm 1:11-12). Seu maior desejo era compartilhar com os outros, e vê-los desenvolver-se era sua maior realização.

Jesus demorou apenas três anos para discipular onze homens que acabaram mudando toda a História (esse é aquele círculo de pessoas mais chegadas do qual falamos no capítulo 4 ao abordar "compasso"). Isso irá exigir de você tempo, esforço, energia e dinheiro para modelar um líder, um sucessor, um Josué que poderá liderar Israel aonde você, como Moisés, não recebeu a permissão de ir.

Enquanto ministrava nas Filipinas, Bill Bright discipulou um homem e sua esposa. Mais à frente, aquele casal voltou para sua terra natal na Tailândia e num período de seis anos ganharam setecentas pessoas para o Senhor. Aquelas setecentas pessoas levaram noventa mil ao Senhor, e ninguém pode sequer contar quantas aquelas noventa mil ganharam e discipularam para Cristo... *a partir de um homem.*[1]

Legado é o processo pelo qual Deus pega o seu *caráter*, a sua *consistência*, e as suas *conexões* para transferir os valores do Reino para a geração seguinte. Legado tem a ver com criar "filhos".

Paulo e Timóteo

Pelo que sabemos, Paulo não teve filhos biológicos, mas teve muitos filhos espirituais.

Em Listra e Derbe (atualmente Turquia), Paulo encontrou Timóteo, um jovem rapaz que o impressionou por ter caráter e amor verdadeiros por Deus. A mãe de Timóteo era judia, e seu pai era grego (ver Atos 16:1). Não sabemos exatamente o que Paulo viu nesse jovem rapaz, mas foi o bastante para pedir que ele o acompanhasse em sua jornada missionária.

Eu já estive na Turquia e na Grécia e vi alguns resquícios do sistema de estradas romanas que passavam por todas as partes do mundo romano. Aquelas estradas eram incríveis. As mais elaboradas tinham aproximadamente um metro de espessura e até sete metros de largura, permitindo que as carruagens passassem facilmente umas pelas outras, muitas vezes com calçadas e marcadores de milhas. A cada trinta quilômetros, havia tipicamente uma hospedaria e um posto militar. Havia mais de oitenta mil quilômetros dessas estradas ao longo do vasto Império Romano.

Paulo caminhava naquelas estradas diariamente com Timóteo. Na verdade, o Novo Testamento registra pelo menos dezoito rapazes que Paulo escolheu para sua equipe durante suas viagens. À medida que caminhavam sua jornada diária (cerca de trinta quilômetros), tenho certeza de que aqueles rapazes conversavam, debatiam e aprendiam com o maior apóstolo de todos os tempos.

Timóteo era o filho espiritual mais próximo e mais querido de Paulo. Timóteo demonstrava a maior sede e o maior desejo pelas coisas espirituais. Ele amava as igrejas que Paulo plantava assim como o próprio Paulo as amava. Veja alguns versículos que descrevem o relacionamento de Paulo com esse jovem rapaz, e observe o que eles podem lhe ensinar sobre ser um exemplo para um homem mais novo.

1. Um filho é um amigo. Paulo escreveu aos Coríntios: *"Estou lhes enviando Timóteo, **meu filho amado** e fiel no Senhor, o qual lhes trará à lembrança a minha maneira de viver em Cristo Jesus, de acordo com o que eu ensino por toda parte, em todas as igrejas"* (1 Co 4:17, grifo do autor). Eles dois eram claramente muito próximos.

Um filho tem que estar o suficiente com você para que a sua vida, a sua atitude, e a sua perspectiva passem para ele. Passar o legado vem através de estar lado a lado com um pai, escutá-lo, observá-lo e imitar seu estilo de vida. Portanto, os seus próprios filhos serão os seus maiores filhos espirituais. Outros "filhos" também serão grandemente afetados pela sua vida, mas não ignore o poder de uma vida toda discipulando os seus próprios filhos.

Como tenho cinco filhos e uma filha, tenho visto o que o estilo de vida constante de servir a Deus em nosso lar e nossa família produziu neles. Eles sabem como eu penso, como reagir a situações, como ficar longe do perigo e da tentação, como trabalhar e, é claro, como buscar ao Senhor. É uma bênção sentar-me agora e vê-los fazer as coisas de forma ainda melhor do que eu as fazia, maravilhado porque eles carregam os meus valores com a visão deles.

Discipulado é soletrado assim: T-E-M-PO

Não é uma aula nem uma palestra; é um estilo de vida.

Discipular é passar tempo juntos, viajar juntos, escutar, compartilhar, e estar presente quando eles estão passando por um momento difícil. Você diz que é ocupado demais para discipular filhos? Você pode acabar como Absalão: *"Quando em vida, Absalão tinha levantado um monumento para si mesmo no vale do Rei, dizendo: 'Não tenho nenhum filho para preservar a minha memória'"* (2 Sm 18:18).

Como Absalão não era um *mentor*, ele teve que construir um *monumento*. Uma rua com o seu nome, ou uma placa na parede de uma empresa não é o seu legado. O seu legado é um filho, um herdeiro, um líder que foi moldado pela sua liderança.

2. *Um filho é um servo.* Em outra ocasião, Paulo escreveu novamente sobre Timóteo: *"Não tenho ninguém que, como ele, tenha interesse sincero pelo bem-estar de vocês, pois todos buscam os seus próprios interesses e não os de Jesus Cristo. Mas vocês sabem que Timóteo foi aprovado porque serviu comigo no trabalho do evangelho como **um filho ao lado de seu pai**"* (Fp 2:20-22, grifo do autor).

Paulo era trabalhador. Ele fazia tendas para se sustentar durante suas viagens. Ele se sustentou durante anos. Trabalhar duro não era algo estranho para ele. Qualquer um que quisesse ser seu aprendiz, seu filho, seu sucessor, teria que ser um jovem que amasse o ministério tanto como ele amava.

Anos atrás, um homem se candidatou para o cargo de pastor na nossa equipe (nós tínhamos vinte e oito pastores na época). Após preencher o formulário de seleção, a secretária lhe perguntou se ele se importaria de ir até a sala de correspondência para grampear duas pilhas de papel que precisavam ser grampeadas enquanto o formulário dele estava sendo processado. "Eu não grampeio papéis" foi a resposta dele.

Mal sabia ele que aquilo fazia parte do nosso processo de seleção do ministério para ver se alguém estaria disposto a fazer o trabalho mais servil apesar de sua experiência e seu título. O processo de seleção daquele homem terminou no momento que ele disse aquilo!

Meu pai é trabalhador. Ele adorava cortar a grama, cuidar do jardim, pintar, varrer e reformar qualquer coisa no terreno da igreja. Ele não tinha muita paciência para ficar sentado num escritório. Certo dia, um jovem rapaz veio procurando pelo pastor. Ele viu um homem no topo de uma escada pintando a parede e lhe pediu informação. "Você está olhando para ele. Pegue um pincel e nós podemos conversar enquanto pintamos", meu pai respondeu.

Alguma coisa em Timóteo realmente combinava com Paulo. Ali estava um jovem rapaz que amava trabalhar duro, amava as pessoas assim como Paulo, e parecia ter um caráter genuíno. Ele *servia com* Paulo, interessado em qualquer projeto que Paulo estivesse fazendo e estava disposto a ajudar em qualquer missão para a qual Paulo quisesse enviá-lo.

3. *Um filho é um discipulador também.* Há ainda outro versículo que nos ensina sobre discipulado. Paulo escreve para Timóteo: *"Portanto, você, meu filho, fortifique-se na graça que há em Cristo Jesus. E as palavras que me ouviu dizer na presença de muitas testemunhas, confie-as a homens fiéis que sejam também capazes de ensinar outros"* (2 Tm 2:1-2).

Agora nós estamos falando de *netos!*

Existe alegria maior na vida do que netos? Se você já viveu tempo bastante para tê-los (como eu já vivi), eles são a sua maior alegria. Você os ama — e você pode ir embora quando quiser!

Que realização ver um dos seus filhos ter filhos e criá-los com os valores de Deus que você passou para ele. A satisfação é incrível.

Recentemente, a nossa igreja celebrou seu quinquagésimo aniversário com um enorme culto no centro cultural de Baton Rouge. O título do culto era Vidas de Legado. Que celebração foi aquela! O meu pai, Roy Stockstill, fundou a nossa igreja na nossa sala de estar com meia dúzia de pessoas quando eu tinha dez anos de idade e estava na quarta série. No culto de aniversário, ele tinha noventa e quatro anos e cumprimentou a vasta multidão, alegrando-se com a bondade e a graça de Deus que multiplicou a nossa igreja em milhares. Em seguida, Melanie e eu nos levantamos e cumprimentamos aquela grande congregação que pastoreamos por vinte e oito anos. Por fim, o meu filho Jonathan e sua esposa, Angie, ministraram para o grupo, que têm pastoreado agora por dois anos.

O legado estava de fato presente naquela noite.

Eu estou lhe dando um vislumbre do seu futuro. Deus lhe dará filhos naturais e espirituais que irão receber o seu caráter e a sua consistência divinos e passá-los para a geração deles e as gerações seguintes. Eu não sei o que você está pensando que é importante, mas acredite, *isso* é o mais importante!

JESUS E SEUS DISCÍPULOS

Não houve mentor melhor que tenha deixado um legado maior do que Jesus Cristo. Seus discípulos se multiplicaram em todas as nações, culturas e gerações. Incrivelmente, tudo começou com onze homens bons.

Como Ele fez isso? Eu tenho quatro palavras para você: *seleção*, *comunicação*, *confronto* e *compromisso*.

1. Seleção. Jesus escolheu cuidadosamente aqueles com quem Ele deixaria Seu legado. Ele escolheu homens que eram batalhadores que já exerciam outras atividades em suas vidas. Desde Pedro e João pescando até Levi cobrando impostos, eles estavam envolvidos no mundo dos negócios e do trabalho. Isso me faz lembrar que Elias encontrou Eliseu no campo arando com doze parelhas de bois (ver 1 Reis 19:19).

O seu mundo está cheio de homens bons que poderiam fazer bom uso de um pouco de direção e boa comunicação. Eles precisam de alguém que acredite neles. Eles não procuram caridade, mas alguém que lhes dê a mão. Eles estão aproveitando ao máximo o que podem fazer com os recursos que possuem.

2. Comunicação. Jesus tinha intencionalidade quanto aos homens que escolheu. Ele preferia estar com eles ainda mais do que com as multidões. Este grupo comia junto, dormia junto nos campos, curava os enfermos junto, distribuía pão junto, e caminhava junto pelas estradas de terra de Israel.

Você não pode escapar deste segundo princípio do discipulado de Jesus. Você terá que se tornar intencional em discipular outros. Leve-os consigo para fazer as coisas que você faz: caçar e pescar, ir a jogos de futebol, comer fora, consertar um motor. Vivam a vida juntos.

3. Confronto. Agora vem um ponto crucial. A pessoa que você está discipulando aceita uma pequena dose de correção, recebendo-a como jogador campeão sendo moldado pelo treinador?

Obviamente, Jesus não tinha nenhum problema em confrontar Seus discípulos. Por exemplo, certo dia Ele confrontou todos eles quanto a discutir sobre quem era o maior. Ele trouxe uma criança para o meio da roda para usá-la como exemplo para a lição e os ensinou que o maior tem que se tornar como uma criança (ver Marcos 9:33-37).

Todos se lembram de quando Ele confrontou Pedro dizendo: *"Para trás de mim, satanás! Você é uma pedra de tropeço para mim, e não pensa nas coisas de Deus, mas nas dos homens"* (Mt 16:23).

Quanto mais tempo você passa com uma pessoa, fica mais provável que as atitudes que precisam ser confrontadas apareçam. Tudo bem. Isso faz parte do discipulado.

Sem confronto não há mudança.

Sem mudança não há campeão.

Davi foi um grande rei de Israel, mas não foi um bom pai. Ele teve um filho de cabeça e coração duros chamado Adonias, que mais tarde se levantou e tentou tomar o reino. Observe o erro de Davi: *"Seu pai nunca o havia contrariado; nunca lhe perguntava: 'Por que você age assim?'"* (1 Rs 1:6). O que Davi se recusou a confrontar mais tarde se levantou para tentar destruí-lo.

Eu acredito que um toque no ombro e uma pergunta como: "Por que você está fazendo isso?" pode mudar a direção de alguém quem você está discipulando. É desafiar o excesso de confiança, o egoísmo, a inconsistência, ou as atitudes erradas da pessoa.

Eu fui um atleta durante toda a minha vida e tive alguns treinadores muito bem-sucedidos. Esses treinadores eram os que focavam intensamente nos movimentos errados, nos maus lançamentos e nos hábitos errados que poderiam resultar na perda de um jogo nos últimos segundos. Eu era grato por ter um treinador tão bom, pois ele sempre levava o meu jogo ao próximo nível e me valorizava como jogador ao confrontar continuamente os meus hábitos ruins.

Você não pode tolerar mau caráter em alguém que você discipula. Numa situação de pressão, isso pode destruir os outros e a ele mesmo se poder e autoridade tiverem sido dados a ele. Com amor, você simplesmente pergunta: "Agora, diga-me, por que você fez isso?"

4. *Compromisso.* Acredite ou não, Jesus teve discípulos que se afastaram Dele. Ele teve que perguntar à Sua equipe: *"Vocês também não querem ir?"* (Jo 6:67).

Aqueles que você escolhe, com quem passa tempo, e confronta com amor podem alcançar um momento em que avançam em seu relacionamento com você ou recuam. Cristo não tinha medo desse momento, e deixava sempre a porta aberta para aqueles que achavam que estava ficando desconfortável demais.

Conta-se a história de que Alexandre, o Grande, chegou ao litoral da Pérsia para enfrentar a frota naval mais formidável do mundo. Os gregos eram muito menores em quantidade do que os persas. No entanto, Alexandre deu o comando: "Queimem os barcos". Não haveria nenhum recuo nem estratégia de saída. Eles iriam vencer a guerra e ir para casa nos barcos de seus inimigos, ou morreriam.

Eliseu *"voltou, apanhou a sua parelha de bois e os matou. Queimou o equipamento de arar para cozinhar a carne... Depois partiu com Elias, tornando-se o seu auxiliar"* (1 Rs 19:21). É isso aí. Nada de voltar atrás. Sem recuo. É um compromisso total com um relacionamento de discipulado carregando uma tocha adiante para a próxima geração.

O SEU LEGADO

Agora chegamos ao ponto principal deste livro.

A nossa nação está em apuros.

Atos aleatórios de violência feitos por homens jovens e furiosos estão enchendo a nossa cultura de medo e ansiedade. Você sabia que nenhum dos assassinatos em massa foi executado por uma mulher?

O profeta Malaquias terminou todo o Antigo Testamento com esta frase: *"Ele fará com que os corações dos pais se voltem para seus filhos, e os corações dos filhos para seus pais; do contrário, Eu virei e castigarei a terra com maldição"* (Ml 4:6).

A maldição está aqui.

A nossa nação está fora de controle.

Uma geração sem pais presentes está atacando aqueles que os desprezaram, que os mimaram. Sem disciplina não há limites. Uma geração sem Deus, presa ao mundo imaginário do vídeo, tem pouco respeito pela vida e pela propriedade.

Alguém tem que se afastar da cadência do trabalho, do dinheiro, da propriedade e da posição e começar a perceber que estamos perdendo a nossa cultura. Ao invés de pensar apenas em aposentadoria, a "geração do eu", da qual faço parte, tem que despertar e voltar-se para a próxima geração.

Aqui vão três diretrizes caso você esteja pronto para despertar:

Reconheça que os membros da próxima geração são importantes. Eles têm que sentir que não estão sendo apenas *tolerados* mas também *desenvolvidos*. Dê a eles um lugar na sua mesa, na sua plataforma. Apresente-os para os outros como um aprendiz, alguém cujo treinamento ou carreira, é promovido por uma pessoa de influência.

Dê-lhes um "momento de prática". Você certamente se lembra de quando o seu primeiro filho tirou a carteira de motorista. Uma coisa era deixar aquele jovem dirigir num estacionamento vazio e outra bem diferente era deixá-lo dirigir numa rodovia. "Momentos de prática" dão confiança. Envolva os homens que você discipula em tudo que você estiver fazendo e ofereça-lhes uma oportunidade de praticar. Guie-os em seus erros e reforce as vitórias deles com os comentários valiosos que eles desejam receber de alguém mais experiente na vida.

Tenha um pouco de misericórdia deles. Discipular requer paciência. Não permita que um grande erro de outra pessoa o desqualifique na sua mente. Pense em algumas das coisas idiotas que você já fez na vida! Quando uma pessoa cai, levantar do chão o salva rapidamente de uma vida de limitação.

←————————●————————→

Você se lembra quando alguém lhe ensinou a andar de bicicleta? As primeiras pedaladas enquanto a roda da frente cambaleava para frente e para trás e você acabava caindo num arbusto? O seu pai correndo ao lado da bicicleta, sem fôlego, tentando equilibrar você à medida que você ganhava confiança com cada pedalada? Os primeiros segundos em que o seu pai tirou as mãos e você pedalou sozinho? A sua alegria eufórica quando percebeu que estava andando de bicicleta sozinho?

Agora pense no momento em que você olhou por trás do ombro uma hora depois e viu o seu pai com as mãos no quadril, sorrindo de orelha a orelha. Anos depois, quando andar de bicicleta era algo natural, você mal podia se lembrar daqueles movimentos desajeitados e medrosos do primeiro dia.

Aquele pai sorridente é você. Aquela criança na bicicleta é o seu legado. No final da sua vida, você irá examinar o horizonte à sua volta e verá pessoas por todo lado andando de bicicleta como você as ensinou a andar. Vocês as ensinará sobre *caráter, consistência e conexão*. Você as ensinará o que aprendeu neste livro e mais. Você irá mudar a sua nação porque tem transformado a si mesmo.

Vamos lá!

QUESTÕES PARA DISCUSSÃO

1. Na nossa geração, os homens estão pensando cada vez menos em seu legado e cada vez mais em si mesmo. Por que é importante começar a pensar *agora mesmo* na próxima geração que irá nos suceder?

2. Paulo tinha Timóteo, seu filho querido na fé. A tradição diz que Timóteo assumiu a maior congregação de Paulo, em Éfeso. Quem você está preparando agora mesmo que tenha o potencial de ir além das suas conquistas?

3. Jesus não tinha medo de confrontar Seus discípulos. Por que a correção e o confronto feito com amor são o coração e a alma de bom treinamento?

4. Todos nós preferimos fazer sozinhos do que dar uma chance a alguém inexperiente. O que você pode fazer melhor a fim de dar a outros a oportunidade de fazer o que você faz e, assim, discipulá-los para serem mais excelentes que você?

NOTAS

1. Bill Bright, *5 Steps to Making Disciples* (5 Passos para Fazer Discípulos), Peachtree City, GA: New Life Publications, 1997, 7-8.

CONCLUSÃO

MESA REDONDA

*Eles se dedicavam ao ensino e à **comunhão**, ao partir do pão e às **orações**.*
– ATOS 2:42, grifo do autor

CINCO ANOS ATRÁS, eu iniciei um grupo pequeno para homens de negócio. Nós tínhamos de oito a dez homens para café da manhã, ensino e debate. Nós ocupávamos uma grande mesa redonda. Agora aquela mesa se tornou vinte e quatro mesas! Toda quarta-feira ao meio-dia, cerca de duzentos homens se reúnem no mesmo formato. Ocasionalmente, eu não posso estar presente devido às minhas viagens dentro do país ou no exterior. Mesmo assim, o grupo parece nunca oscilar. Não importa quem esteja apresentando a lição, pois eles desenvolveram relacionamentos fortes e profundos uns com os outros.

Eu acredito na mesa. À medida que a igreja primitiva partia *"o pão em suas casas... participavam das refeições, com alegria e sinceridade de coração"* (At 2:46). A maior parte do discipulado de Jesus era feito à mesa – Zaqueu, Mateus, e os discípulos que viajavam para Emaús vêm à mente.

No grupo de homens de negócio, primeiramente nós fazemos uma *refeição*. Se você estuda as Escrituras, sabe que partir o pão juntos (não só tomar a Ceia do Senhor) é uma declaração de comunhão e aliança. Labão e Jacó selaram suas hostilidades, e Jacó *"chamou os parentes que lá estavam para uma refeição"* (Gn 31:54). Deus fez inclusive uma refeição com os líderes judeus no Monte Sinai quando *"eles viram a Deus, e depois comeram e beberam"* (Êx 24:11). A própria eternidade irá começar com o *"banquete do casamento do Cordeiro"* (Ap 19:9).

Então nós sempre começamos fazendo uma refeição juntos. A nossa equipe cozinha, e os homens deixam uma pequena oferta na cesta no centro da mesa para cobrir as despesas. As contas sempre acabam zerando. Os primeiros vinte minutos da reunião é um tempo de comer, rir, interagir e ter comunhão. Nós sempre terminamos o momento de refeição apresentando os novos participantes ao grupo todo.

Depois nós temos o *ensino*. Cada ensino é preparado para durar cerca de vinte minutos, mas às vezes é precedido por um testemunho curto ou um pedido de oração urgente.

Os últimos vinte minutos são dedicados ao *debate*. A comida espiritual tem que ser mastigada e digerida. Algumas pessoas aprendem melhor memorizando, e outras aprendem melhor analisando. Muitos, entretanto, aprendem melhor aplicando. Eles querem saber: *Para onde vou a partir daqui? O que isso pode fazer para mudar a minha vida?*

Nós sempre terminamos a reunião de uma hora com oração por aqueles que precisam. Sempre que fazemos isso, mesa após mesa termina sua oração com brados e aplausos. É um sinal de vitória, camaradagem e entusiasmo. Mais de mil e duzentos homens já participaram desse almoço de negócios e pediram que os mantenhamos informados por email. Toda semana, de dez a quinze novos convidados comparecem e voltam conforme possível.

Ao longo dos cinco anos, homens têm passado por dificuldades em suas vidas. Alguns faleceram. Um grupo deixou uma cadeira vazia em sua mesa durante um tempo por um colega que de repente faleceu. Alguns foram diagnosticados com doenças sérias, e o grupo permaneceu com eles buscando respostas de oração. Eles vêm de histórias e denominações diversas, mas o tema comum é "mudar a nossa nação, um homem de cada vez".

Isso é ser *um homem exemplar*. Eu visiono pequenas "mesas" de homens se reunindo por todo o nosso país. Alguns se reunirão em restaurantes, alguns no local de trabalho, e alguns em casa ou na igreja. A reunião terá a duração de apenas uma hora, apesar de alguns chegarem cedo ou ficarem até mais tarde para um tempo maior de comunhão. As primeiras lições que o grupo irá examinar serão os nove capítulos de *Um Homem Exemplar*. Nós ofereceremos um segundo caminho para estudar *Um Homem Exemplar* através de um curso de seis semanas com material de vídeo que cobre os pontos principais de caráter (dois estudos), consistência (dois estudos), e conexão (dois estudos). Por fim, o grupo pode continuar sua experiência juntos por quase um ano ao acompanhar os cinquenta estudos bíblicos de *Um Homem Exemplar*.

Em um ano, após completar as lições, o grupo estará estabilizado. Apenas Deus sabe quão longe essa multiplicação irá antes de começar a mudar a maré da nossa nação de volta para o caráter, a consistência e a conexão.

Não é um acidente que este livro tenha caído nas suas mãos. A sua esposa, os seus filhos, o seu legado, o seu compasso, a sua disciplina, o seu propósito, a sua integridade, a sua pureza, e o seu exemplo estão todos em questão. Talvez você sinta que já tenha traído o seu futuro com o seu passado.

Eu sempre me lembro de Jacó.

Jacó era um malandro. Ele conseguia sair de qualquer situação apertada. Ele conseguiu ficar com o a benção e o direito de primogenitura de seu irmão. Como Houdini, ele escapou da ira de seu irmão e fugiu para a terra de seu pai.

Deus começou a trabalhar no caráter de Jacó com seu tio Labão. Se você tem sido trapaceiro e enganador, Deus tem um "Labão" lhe esperando bem ali na esquina, que é muito mais espertalhão que você! Após vinte anos de invernos rigorosos, queimaduras do frio, fome, miséria e salário baixo, Jacó fugiu no meio da noite com as duas filhas de Labão.

Por fim, Jacó chegou a Peniel. Ele sabia que seu irmão, Esaú, estava vindo para matá-lo. Ele tentou toda manipulação possível para tentar impedir Esaú, mas ele continuou a caminho. Jacó recuou cruzando o Rio Jaboque para a montanha de Peniel sozinho.

Naquela noite, o anjo do Senhor lutou com ele. No raiar do dia, o anjo tocou sua coxa e a deixou permanentemente deslocada. Quando o sol nasceu, Jacó caminhou de volta mancando para encontrar-se com Esaú. O anjo mudou o nome dele para Israel, e a ambição, a manipulação, e a malandragem dele foram finalmente quebradas.

Talvez você seja como Jacó. Talvez você carregue uma ferida interna como ele porque seu pai amava mais a Esaú do que a ele. Ele era bem-sucedido externamente, mas interiormente estava desesperado. Na noite em que teve um encontro com o Senhor, algo foi quebrado dentro dele, e ele foi mudado.

Deus quer transformar você neste momento. Jesus se encontrou com Jacó e Ele quer se encontrar com você – bem aqui e agora, *mano a mano*. As suas falhas de caráter, a sua história, a sua bagagem, os seus relacionamentos destruídos, a sua má reputação já foram levados à Cruz.

Traga a sua desordem, a sua vergonha, as suas falhas para Jesus Cristo e *renda-se*. Deixe que o sangue Dele cubra o seu passado da cabeça aos pés, do início ao fim. Confesse-o como o seu Salvador, o seu líder, o seu pastor. Volte o seu coração contra as trevas, a escravidão, o vício, e a amargura para com os outros. Volte-se para a luz de Cristo, e clame o nome Dele como o Senhor que ressuscitou e está vivo, ouvindo você agora mesmo.

Essa paz que você sente é uma nova natureza, o poder da graça e do perdão que entrou no seu coração e na sua vida. Levante os seus olhos, o seu coração, as suas mãos, e comece a louvar a Jesus Cristo do fundo do seu coração. Submeta-se à Sua Palavra e testemunhe para os outros sem vergonha nem constrangimento.

Na noite passada, eu ouvi um pastor fazer uma ilustração sobre o Camp Lejeune (Base da Marinha norte-americana) na Carolina do Norte. Com aviões F-16 aterrissando bem ao lado da rodovia, motoristas assustados ficavam frequentemente atemorizados com o barulho dos motores aterrissando na pista de pouso. Alguém colocou uma placa que dizia o seguinte: "Desculpe o barulho. É apenas o som da liberdade".

Vá e faça barulho! Alegre-se como o aleijado de Atos 3, que teve suas pernas curadas para voltar a andar após mendigar a vida inteira. Alegre-se como o leproso que voltou para dar graças e glória a Cristo após sua cura. Alegre-se como o pai que deu um banquete porque seu filho pródigo havia finalmente voltado para casa. O Céu se alegra por causa de um pecador que se arrepende, e hoje ele está se alegrando por você!

Eu oro por você hoje enquanto você inicia uma nova vida, um novo começo, uma nova jornada. O Céu é o nosso lar, e nós precisamos um dos outros para chegar lá. Não acontecerá da noite para o dia, mas à medida que você crescer e se desenvolver na Palavra de Deus, um dia alguém irá lhe dizer do nada:

"Você é um homem exemplar".

AGRADECIMENTOS

Melanie — Por aguentar quase quatro décadas de formação de caráter em mim. Por criar os nossos seis filhos como sua mais alta prioridade. Por viver uma vida inabalável em meio a algumas das tempestades mais horríveis pelas quais alguém possa passar. Por sorrir nessa nova fase da vida com um senso de satisfação. Você merece uma grande recompensa! Você é uma mulher exemplar.

Meus filhos — A todos vocês seis, que servem ao Senhor com honra em Sua casa. Pelos seus cônjuges que se tornaram novas filhas e novo filho nossos. Pela nossa comunhão como família, enquanto uma nova geração entra em cena!

Equipe Surge — Cada um dos doze de vocês tem me ajudado a aguçar a minha visão de missões nos últimos treze anos. Já plantamos mais de vinte mil igrejas juntos, e o melhor ainda está por vir.

Equipe Remnant — Nós temos tido muitas e muitas conferências telefônicas mensais, conferências, e reuniões de um dia para pastores. Continuem sendo exemplos de vida.

Max Davis — Muito obrigado a Max Davis que entrou no jogo e reeditou *Um Homem Exemplar* para dar aquele capricho. Foi uma alegria trabalhar com você. Você fez um trabalho extraordinário.

Aos homens do almoço de negócios — Sem vocês, a visão de *Um Homem Exemplar* nunca teria se concretizado. Obrigado por participarem aos montes semana após semana, encorajando-me a perceber que os homens estão verdadeiramente sedentos por buscar excelência.

À família da Bethany — Eu pastoreei vocês por mais de vinte e oito anos e daria a minha vida por vocês. A alegria contagiante, a comunidade, e a paixão por almas que vocês têm são impressionantes.

Aos meus "filhos" da Bethany — A todos os homens exemplares que uma vez fizeram parte da nossa equipe de vinte e oito pastores e foram plantar algumas das maiores igrejas dos Estados Unidos e ao redor do mundo hoje. A minha meta é ser um homem exemplar para vocês enquanto Deus me der vida.

SOBRE O AUTOR

PASTOR LARRY STOCKSTILL foi pastor da Bethany Church por 28 anos em Baton Rouge, na Luisiana. Roy Stockstill, pai de Larry, fundou a igreja em 1963 e Larry se tornou pastor em 1983. Seu filho, Jonathan, se tornou pastor da Bethany em 2011 e a igreja acabou de completar cinquenta anos de ministério. Stockstill está casado com sua esposa Melanie há trinta e oito anos e tem seis filhos, os quais todos servem ao seu lado no ministério da Bethany. Seu principal livro: *O Remanescente - Restaurando a Integridade do Ministério Pastoral*, é distribuído em todo o país e em todo o mundo em outros idiomas a fim de promover padrões renovados de santidade em liderança. Ele também é o diretor do "Projeto Surge", um projeto de plantação de igrejas que, entre 2001 e 2013, já plantou mais de 22 mil igrejas rurais ao redor do mundo espalhadas por doze zonas mundiais.

O Remanescente

Restaurando o Chamado à Integridade Pessoal

Por Larry Stockstill

Ao longo da história, em toda nação que se afastou de Deus, permaneceu um remanescente de pessoas justas: aqueles que continuaram sendo fiéis e não abandonaram a sua aliança com Ele. Neste livro, o Pastor Larry fala a pastores e outras pessoas que formam esse remanescente hoje. Deus nos está chamando para trazer a integridade de volta para o ministério em nosso país.

O Pastor Larry Stockstill está restaurando o chamado à integridade pessoal com seu livro *O Remanescente*. Os eventos recentes de escândalos na igreja têm nos abalado intensamente. Ministros, organizações, e cristãos parecem enigmas com pecados e segredos internos. Há esperança de mudança? Sim! Deus está levantando um remanescente de crentes para serem um novo exemplo de transparência e integridade impecáveis nos negócios, no ministério, e no casamento.

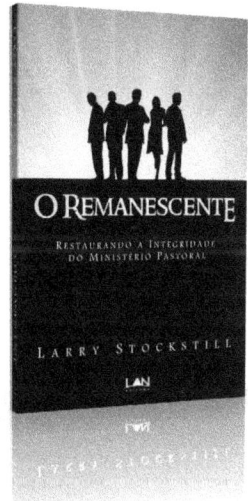

www.ingramcontent.com/pod-product-compliance
Lightning Source LLC
Chambersburg PA
CBHW031839090426
42741CB00005B/287